# 서른살,
# 비트코인으로 퇴사합니다

투자 2년, 경제적 자유를 얻다

# 서른살,
# 비트코인으로
# 퇴사합니다

강기태(세력) 지음

국일 증권경제연구소

최근 '경제적 자유', 'N잡' 등에 관심이 높다. 다양한 이유가 있겠지만, 경제적으로 풍요롭지 못한 세태를 반영한 트렌드로 보여진다. 누구보다도 열심히 일하는데, 왜 우리는 여전히 가난 속에서 살고 있을까? 저자 역시 그랬다.

비교적 빠른 시기에 신입사원 연봉 5,000만 원이 넘는 금융회사 정규직으로 취업을 했다. 당시 너무 기뻤고, 젊은 나이에 큰 부자가 될 수 있으리라는 착각을 했다. 1년 동안 야근과 주말 출근을 병행하며 피나는 노력을 했지만 나의 은행 계좌에는 1,000만 원 남짓의 돈이 있었다.

대한민국에서 신입사원에게 5,000만 원 이상의 급여를 주는 회사는 그렇게 많지 않다. 그렇기 때문에 대기업에 입사하여 많은 연봉을 받으면 자본주의 사회에서 넉넉한 삶을 살 수 있으리라는 생각이 들었다. 그런데 생각과는 달리 회사에서 주는 급여는 크지 않았다. 지방에서 올라와 서울살이를 하는 과정에서 들어가는 비용도 만만치 않았다. 나중에 아파트라도 한 채 사려면 평생 돈을 모아도 쉽지 않을 것 같았다. 게다가 지속적으로 상승하는 아파트 가격을 보니 절망감이 들었다. 결국, 아파트 가격이 떨어질 때까지 기도해야 하나 싶을 정도였다.

어떻게 돈을 모아야 하는 것일까? 대기업에서 주는 급여가 큰 부를 가져다 줄 것이라고는 생각할 수 없었다. 세금은 왜 이렇게 많이 내는 것인지 … 일하는 시간을 시급으로 계산했을 때는 많이 받는다는 느낌도 아니었다. 뭔가 잘못되었다는 생각이 들었다. 그래서 돈을 더 버는 방법이나, 부자가 되는 방법은 따로 있다는 생각이 들었고 돈 버는 방법에 대해 관심을 가지고 계획을 세워보았다.

**첫 번째, 회사 외 수익을 얻기 위해 시간을 더 투자해서 근로소득을 높여보려고 했다.** 주말 아르바이트나 야간 아르바이트를 하며 돈을 더 버는 것은 어떨지 생각했다. 그런데 현실적으로 그렇게 되면 모든 시간을 일만하며 보내야 했고, 저자의 삶은 사라질 것 같았다. 그래서 이 방향은 포기했다.

**두 번째, 회사 외 수익을 얻기 위해 무언가를 판매하는 시스템을 만들어보려고 했다.** 누군가는 직장을 다니며 쉽게 '무자본 창업' 등으로 시스템을 만들고 척척 판매하는 것처럼 말을 했다. 하지만 무언가를 판매한다는 것에는 여러 부가 업무가 뒷받침 되어야만 하기에 결코 쉽지 않았다. 최근에서야 유행하는 스마트스토어 등은 회사에서 하루에 10시간 정도의 시간을 보내는 저자로서는 도전할 수 없는 영역이라고 판단했다.

**세 번째, 회사 외 수익을 얻기 위해 도전한 것은 투자였다.** 앞서 살펴본 두 가지 방법은 저자의 시간을 판매하여 얻을 수 있는 덧셈 소득이라면, 투자는 저자의 돈을 곱셈으로 늘려나갈 수 있는 방법이라고 생각했다. 투자는 2015년경부터 늘 관심을 가져왔지만 압도적인 성과를 내본 경험은 없었다. 하지만 남들보다 유난히 성실한 편도 아닌 평범한 저자가 경제적 자유로 나아갈 수 있는 방향은 투자라고 확신했다. 전부터 지속해온 투자에 좀 더 집중해 보기로 마음을 먹었다. 그래서 주식시장과 부동산을 비롯한 돈이 되는 모든 자산에 대해 연구하던 중 비트코인이란 자산에 눈을 뜨게 됐다. 그리고 이것은 내 인생을 바꿀 수 있는 여러 기회 중 하나임을 깨닫게 된다.

2019년 4월의 비트코인 상승기를 시작으로 비트코인에 관심을 가지고 공부를 시작했다. 비트코인은 사기라는 사회 통념과 달리, 비트코인은 '디지털 투기 자산'에서 '디지털 금'으로 바뀔 것이라는 역사적 흐름을 읽었다. 직장을 다니며 약 1년 6개월 만에 비트코인으로 평생 못 벌 수익을 냈으며 첫 투자 금액 대비 250배의 수익을 얻었다.

재미있는 점은 비트코인과 알트코인(비트코인을 제외한 다른 암호자산)들의 폭발적 성장과 가격 상승이 일어나고 있는데 반해, 대부분의 사람들은 여전히 암호자산을 폰지 사기와 같은 다단계 정도로 생각한다는 것이다. 또한 투자자들 중에도 여전히 암호자산으로 장기투자를 통한 가치투자가 가능하다는 사실은 부정하는 사람들이 많다. 이 시장 자체의 성장과 미래를 의심하는 사람들이 많다는 것이다.

**저자는 비트코인과 알트코인 투자가 1세기 남짓 살아가는 우리의 삶 속에서 일어날 수 있는 얼마나 큰 기회인지를 이 책에서 말할 것이다. 그리고 이 기회 속에서 어떤 생각과 기준을 가져야 큰 수익을 낼 수 있을지 방법을 제안할 것이다.** 그 기준과 원칙을 따를 것인지는 각자의 선택이다. 다만 이 방법이 모든 독자들에게 딱 맞으리라 생각하진 않는다. 각자 본인에게 맞는 스타일과 방법이 있다. 저자가 제시하는 방법은 저자에게 잘 맞았던 방법이다.

오랜 기간 투자에 대해 관심을 가져왔고, 다양한 투자법에 대해 고민을 해왔다. 비트코인 투자를 시작하며 투자와 관련된 많은 책을 읽었고, 하루 8시간씩 유튜브 안에 있는 모든 비트코인 채널을 시청하며 투자자들의 투자 견해를 들었다. 그리고 어느 순간 스스로의 투자 관점과 알맞은 기준, 원칙을 세우게 되었고, 누군가에게 저자만의 투자법과 생각을 전할 수 있겠다는 판단이 섰다.

그런 생각에서 만든 채널이 유튜브 '세력' 채널이다. 현재 2만 명 정도의 구독자를 가지고 있다. 저자는 평범한 투자자이고 일반 투자자이다. 실력이 특출난 것도 아니며, 누군가를 가르칠 실력은 더더욱 아니다. 하지만 이런 저자조차 삶이 바뀌는 경험을 하고 있다. 단지 이 시장이 기회인지 아닌지에 대해 알고 있었느냐 모르고 있었느냐의 한 끗 차이이다.

저자는 이 책에 비트코인 투자를 하며 겪었던 시행착오를 남길 것이다. 상승사이클이 도래하기 직전에 느꼈던 희로애락과 기회를 포착했던 순간들이 기록되어 있다. 유튜브 세력 채널은 실력에 비해 많은 사랑을 받고 있음이 분명하다. 하지만 여전히 비트코인과 알트코인에 대한 세상의 관심은 적고, 정보는 많지 않다. 밟아온 시행착오를 조금이나마 피해가게끔 더 많은 사람들에게 유튜버 세력의 견해를 전하고자 이 책을 펴낸다.

이 책은 암호자산 투자 수익에 있어서 가장 중요한 사이클과 투자 마인드, 투자의 기본에 대해 다룰 것이다. 중간중간 실제 비트코인 투자를 진행하며, 당시 저자가 느끼고 생각했던 것들을 기록한 투자 일기가 포함되어 있다. 성장하는 투자자의 모습이 어떤 것인지 볼 수 있을 것이다. 아직 투자가 어려운 독자들은 특히 저자 역시 그런 시절이 있었다는 점을 재미있게 봐주었으면 한다. 비트코인 사이클 안에 어떤 희로애락이 있는지 알 수 있을 것이며, 순간순간의 가격변동이 거시적 관점의 거대한 기회 앞에서 얼마나 무의미한 것인지 잘 알게 될 것이다.

마지막으로 저자는 비트코인과 암호자산 시장이 앞으로도 발전할 수밖에 없고, 비트코인이라는 자산의 가치가 10년 후, 20년 후, 더욱 빛을 발할 것이라는 확신에 차있는 낙관주의자이다. 이 책은 투자에 참고만 하고, 더 많은 학습과 스스로의 확신을 통해 시장에 참여하기를 권고한다.

## 제10장 경제적 자유를 얻는 비전을 상상하라

# 제1장

# 숨만 쉬어도
# 돈이 들어오는
# 기회가
# 눈앞에 있다

# DEFI로 매일 들어오는
# 20%의 배당금

저자는 하루에 100만 원 정도의 배당금이 들어온다. 그 방법에 대해 소개하려고 한다.

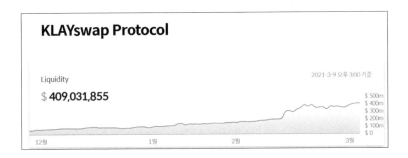

최근 카카오 자회사 그라운드X에서 '클레이스왑'이라는 암호자산 서비스를 내놓았다. 서비스가 시작되자 유통량이 어느새 4억 달러가 되었고, 많은 사람들이 클레이스왑에 유동성을 제공한 대가로 'KSP'라는 토큰을 보상받게 되었다. '유동성을 제공한다'는 의미를 이해하

려면 탈중앙화 거래소의 특징을 이해해야 한다. 탈중앙화 거래소는 일반 중앙화 거래소와 같이 개인과 개인이 서로 매수와 매도를 통해 코인을 교환하는 방식이 아니라, 탈중앙화된 시스템 안에서 코인들끼리의 스왑(Swap)으로 거래를 진행하는 방식을 취한다. 시스템 안에서 코인끼리 교환이 가능하려면 이 플랫폼에 비트코인이나 이더리움과 같은 자산을 제공해주어야 하는데, 이것을 달리 말하면 '유동성을 제공한다'고 표현한다.

만약 아무도 이 클레이스왑에 유동성 제공을 하지 않으면 어떻게 될까? 암호자산끼리 스왑을 제대로 진행할 수 없으며 탈중앙화 거래소는 작동되지 않는다. 그래서 유동성 제공의 유인책으로 KSP라는 보상을 제공하는 것이다. 참여자는 KSP를 높은 이율로 제공받는 대가로 자산을 유동성 풀에 제공하는 것이다. 참고로 저자는 약 5억 원 정도의 유동성을 제공하여 연간 3억 원 정도의 보상을 받고 있다. 기존 1~2%의 은행 이율과 비교하면 '사기가 아니냐'는 의문이 들 정도로 파격적이다.

2021.03.09. 시점에서 저자는 연간 4만 3,707KSP를 보상받게 되고, 추가로 6,911달러를 거래수수료로 분배받는다. 참고로 KSP 토큰의 현재 가격은 코인원 거래소에서 7,000원에 거래되고 있기에 시가로 연간 3억 정도의 보상을 받는 것이다.(출간 전 KSP 가격은 7만 7,000원이 되었다.) 즉 정말 숨만 쉬어도 웬만한 대기업 임원보다 더 많은 돈을 벌 수 있는 것이다. 누군가의 눈에는 이것이 마치 '다단계 사기', '폰지 사기' 정도로 보일 것이다. 하지만 과연 카카오 자회사 그라운드X에서 제공하는 이 서비스가 폰지 사기라 말할 수 있을까?

외국에서는 2019년 이러한 탈중앙화 거래소가 유행하기 시작하여 디파이(탈중앙화) 코인들이 큰 상승을 해왔다. 참고로 '유니스왑'이라는 탈중앙화 거래소에서 분배한 'UNI' 토큰은 시가총액 Top10 안에 들 정도로 상승했다. 저자는 KSP 토큰 역시 크게 상승하리라 예상하고 있다.

또 다른 저자의 배당을 소개하겠다. 아침 9시가 되면 올비트 거래소의 저자 계좌에는 약 1,000개의 오르빗체인이 들어온다. 글을 쓰고 있는 2020.12.12. 20시 32분 시점으로 오르빗체인의 가치는 약 115원이다. 즉 원화 11만 5,000원이 매일 9시에 들어온다. 그럼 한 달 기준으로 약 345만 원이 내 올비트 계좌에 들어오는 것이다.(출간 전 오르빗체인 가격은 1,200원이 되었다. 즉 1,000개의 오르빗체인은 약 120만 원이 되었다.)

| 2020-12-26 09:00 | 위임보상 | ORC gem | 898,303.00000000 ORC | 391.56869612 ORC | 지급완료 |
|---|---|---|---|---|---|
| 2020-12-25 09:00 | 위임보상 | OZYS | 1,543,049.00000000 ORC | 674.89698447 ORC | 지급완료 |
| 2020-12-25 09:00 | 위임보상 | ORC gem | 898,303.00000000 ORC | 392.89872573 ORC | 지급완료 |
| 2020-12-24 09:00 | 위임보상 | OZYS | 1,543,049.00000000 ORC | 671.05789756 ORC | 지급완료 |
| 2020-12-24 09:00 | 위임보상 | ORC gem | 898,303.00000000 ORC | 390.66375893 ORC | 지급완료 |
| 2020-12-23 09:00 | 위임보상 | OZYS | 1,543,049.00000000 ORC | 674.23852074 ORC | 지급완료 |
| 2020-12-23 09:00 | 위임보상 | ORC gem | 898,303.00000000 ORC | 392.51539380 ORC | 지급완료 |
| 2020-12-22 09:00 | 위임보상 | OZYS | 1,543,049.00000000 ORC | 670.12942704 ORC | 지급완료 |

매일 들어오는 배당금

내가 이렇게 돈을 받을 수 있는 이유는 오르빗체인이라는 자산을
블록체인 상에서 '보팅(Voting)' 해두었고 그 대가로 연 17%의 이자가
발생하기 때문이다.

[오르빗체인 보팅 평가]

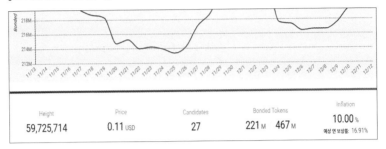

마치 다단계나 사기처럼 보이지는 않는가? 맞다. 나도 처음에는 그렇게 생각했기 때문에 그 마음을 충분히 이해한다.

세 번째 배당으로 저자는 클레이 스테이션에서 클레이튼을 1년 6% 비율의 이자로 받고 있다. 오르빗체인보다는 적게 받고 있지만, 충분히 매력적인 상황이다. 현재 시가 기준으로 하루 3만 원 정도 들어오고 있고, 한 달 기준 90만 원 정도 들어온다. 이 90만 원 만큼의 클레이튼은 자동으로 재(再)스테이킹이 되어 하루하루 복리로 이자가 붙는 형식이다.

클레이튼과 오르빗체인 모두 돈으로 받는 것이 아니라, 각각의 자산으로 받는 것이기 때문에 완전히 안전하다고 말할 수 없다. 다만 안정성과는 별개로 코인의 가치가 더 올랐을 때는 지금의 이율을 훨씬 웃도는 이익을 볼 수 있는 상황이다. 그리고 이 글을 쓰고 있는 저자는 그렇게 될 것이라고 예상하고 있다. 참고로 저자가 처음 투자했을 때 클레이튼의 가격은 180원이었고, 처음 클레이스테이션이 등장했을 때는 20%의 이자를 줬다.

그리고 이 클레이튼의 가격은 950원까지 갔다가, 400원대까지 조정을 받았고, 현재 600원 부근에서 형성되어 있다. 1%대 예금 이자를 받아가며 저축하고 있는 시대에서 이게 대체 무슨 말인가? 이게 바로 DEFI(DEcentralized FInance)라는 서비스이다.(출간 전 클레이튼 가격은 3,500원이 되었다.)

DEFI란 탈중앙화 서비스이다. 쉽게 설명하자면 다음과 같다. 우리가 원화를 예금할 때는 은행에 가서 진행한다. 은행에서 번호표를 뽑고 기다린 후, 창구 직원과 대화를 하고 신분증을 보여주고 통장을 만드는 작업을 한다. 그 다음 우리의 돈을 예금한다.

대출을 할 때 역시 마찬가지이다. 창구 직원은 우리의 신용을 조회하고 그 신용과 소득수준을 바탕으로 대출을 진행한다. 이에 따라 우리의 대출금리와 대출금액이 정해진다. 그런데 이 과정을 전부 생략하고, '블록체인'이라는 시스템 안에서 위의 과정을 모두 해결하는 것이 바로 DEFI이다.

DEFI라는 것은 '탈중앙화 금융서비스'이다. 기존에 중앙화된 은행이나 정부의 보증이 아닌, 블록체인 시스템 안에서 약속된 규칙에 따라 예금과 대출이 진행되는 것이다. 해당 자산의 투자자들은 이 시스템에 동의를 한다. 자산별로 차이는 있지만, 해당 자산을 가지고 있으면 이 시스템의 변경 사항이나 추후 발전 사항에 대해 말할 수 있는 권리를 가지게 된다.

앞서 말한 '보팅'이란 소수의 밸리데이터(Validator)에게 나의 권한을 주고, 그들이 나 대신 의사결정에 참여하도록 투표하는 행위이다. 밸리데이터란 코인의 검증인으로서 네트워크의 보안 및 성능 향상에 기여하는 이를 말한다. 우리 민주주의 사회에서 각 지역, 각 정당의 대표를 선출하여 투표를 하는 것처럼 대의 민주주의를 실현하는 행위와 비슷하다고 이해하면 된다.

# 거대한 기회에
# 눈뜬 기업들

재미있지 않은가? 저자는 2019년 4월에 블록체인이라는 분야에 대해 눈을 뜨게 되었고 이 시장의 변화에 대해 주목하게 된다. 세계 각국 정부는 CBDC(Central Bank Digital Currency)라는 디지털 머니를 생산하기 위한 움직임을 보이고 있고 누구나 다 알 법한 글로벌 기업들은 암호자산에 큰 관심을 가지고 직간접적으로 투자를 진행하거나 직접 만들고 있었다. 예를 들어 우리나라를 대표하는 네이버 같은 경우에는 자회사 라인을 통해 '라인 블록체인'을 발행했고 카카오 같은 경우 자회사 그라운드X를 통해 '클레이튼'을 발행했다. 참고로 그라운드X의 한재선 CEO는 카카오 공동대표를 역임했었다.

카카오 그룹은 '두나무'의 지분을 인수하여 대한민국 4대 거래소 중 하나인 '업비트 거래소'를 자회사로 두고 있고 업비트 거래소는 2조 원 이상의 가치평가를 받는 유니콘 기업이 되어가고 있다. 거기에 전 국민이 사용하고 있는 카카오톡에는 '클립'이라는 암호자산 지갑이 알게 모르게 들어가 있다. 클립 이용자는 현재 시점에서 20만 명 남짓이다.

이뿐만이 아니다. 페이스북에서는 '리브라' 코인을 발행하고자 발표하여 큰 이슈가 되기도 했다. 최근엔 나스닥 상장기업들이 속속 비트코인에 투자하기 시작하면서 암호자산의 사회적 지위가 점점 올라가고 있다.

마이크로 스트레티지는 비트코인 투자를 결정하고 다음날 주가가 상한가를 쳤고, 두 번째 비트코인 투자를 실행했을 때 한 번 더 주가가 상한가를 쳤다. 그리고 1분기가 지난 후, 비트코인 투자 수익이 기업 이익을 웃도는 재미있는 일이 벌어진다. 그뿐만 아니라 스퀘어, 테슬라, 외국 보험회사까지 비트코인에 대한 투자는 지속적으로 늘어나고 있다.

현재 저자는 오르빗체인 & 클레이튼 배당으로 월 몇 천만 원 정도의 자산을 숨만 쉬어도 받을 수 있는 상황이다. 놀랍지 않은가? 2019년 4월에는 수중에 약 2,000만 원 남짓의 현금이 있던, 취직한 지 만 1년이 막 지난 평범한 금융회사 직원이었다. 그로부터 1년 반이 지난 현재 저자의 순자산은 50억을 돌파했고 오르빗 & 클레이튼 배당금을 통한 월 2,000만 원 이상의 현금 흐름 등을 만들고 있다. 그리고 2만 유튜버이자 현재 이 책의 저자로 글을 쓰고 있다.

저자는 정말 평범한 사람이다. **단지 블록체인 혁명 안에서 비트코인이 가치가 있는가 없는가에 대한 물음에 대해 '가치가 있다'고 판단을 내렸을 뿐이다.** 그리고 블록체인 혁명이 기회인가 아닌가에 대해서 기회라고 판단했다. 단지 그뿐이다. 거기에 아주 조금 노력을 했을 뿐이다. 이제 그 거대한 기회를 설명해보려 한다. 그리고 이 기회를 많은 사람들이 잡았으면 한다.

# [2019년 6월 세력의 투자 일기]

시작과 동시에 수익이 생겼다. 운 좋게도 비트코인이 계속 상승한다. 이런 상승 장세에서는 스캘핑(초단타 매매)보다 장기투자가 큰 수익을 얻을 수 있으리라고 생각한다. 그래서 섣불리 샀다 팔았다를 하지 않을 것이다. 내가 팔았을 때 갑자기 급등할지도 모른다. 어떤 인간도 급등이 언제 나올지는 예측할 수 없다. 그것은 신만이 알 것이다.

기본적으로 코인의 흐름은 이렇다. 비트코인 상승 후에 알트코인 상승이 오고 조정 장세가 온다. 이것의 반복으로 시장이 흘러간다. 그리고 장기적 관점에서 우상향한다.

유튜버들의 예상은 참고 사항이 된다. 하지만 모두가 알트코인 불장(Bull Market : 상승장)이 일어날 것이라고 예상 중인 상황에서, 비트코인만 지속 상승하고 있다. 참으로 박진감 넘치는 일이다. 이 시장에서 투자가 제대로 이루어지면 내 삶은 변한다.

무엇보다 신중하자. 이번 투자에 성공하는 것은 내 인생 비전을 이루기 위한 출발점이 될 수 있다. 경제적 독립에서 경제적 자유로 넘어가는 시기가 내가 계획했던 것보다 빠르게 왔다. 이 기회를 놓칠 수 없다. 비트코인 투자에서 성공하고 꿈꿔왔던 경제적 자유를 얻자.

제**2**장

# 사회 통념의
# 변화 속도는
# 느리다

# 아파트 가격 흐름으로 보는
# 사회 통념과 실제 기회와의 괴리

우리는 '대부분의 사람들이 바라보는 투자처는 매력이 없으며, 대중이 몰리는 것은 투자가치가 떨어진다'는 명제에 대해 이해하고 인정한다. 여기에 'A는 B이다'의 대우인 'B가 아니면 A가 아니다'를 적용해보면, **'매력 있는 투자처는 사람들이 바라보지 않는다'**가 된다. 대부분 정말 매력 있는 투자처를 찾지 못하고, 좋은 기회들을 놓치고 만다.

가장 대표적인 예는 부동산이다. 글을 쓰고 있는 2020년은 서울 아파트 불패신화가 자리를 잡은 해이다. 절대적으로 '영끌'하여 사야만 하는 자산으로 인식되고 있다. 청약이 당첨되었다고 하면 주변에서 '대박'이라며 축하를 받고 마이너스 통장에, 일반대출, 제2금융권이하까지 손을 뻗어 '영혼까지 끌어 모아' 집을 가진다. 그리고 그런 사람들에게 박수를 보내며 축하와 격려를 한다.

**[아파트 매매가격 지수]**(기준 가격 2019년 1월 = 100)

| 시기 | 서울 | 강북 | 강남 | 6개 광역시 | 기타 지방 |
|---|---|---|---|---|---|
| 1986년 1월 | 17.2 | 24.3 | 14.5 | 20.7 | – |
| 1987년 1월 | 16.3 | 23.7 | 13.6 | 19.8 | – |
| 1988년 1월 | 17.4 | 23.9 | 14.8 | 24.6 | – |
| 1989년 1월 | 21 | 28.4 | 17.9 | 29.4 | – |
| 1990년 1월 | 24.6 | 33.5 | 20.9 | 36.1 | – |
| 1991년 1월 | 33.6 | 45 | 28.6 | 48.1 | – |
| 1992년 1월 | 31.5 | 42.6 | 26.7 | 45.4 | – |
| 1993년 1월 | 30.3 | 41.7 | 25.5 | 42.5 | – |
| 1994년 1월 | 29.4 | 40.4 | 24.8 | 41.2 | – |
| 1995년 1월 | 29.7 | 40.1 | 25.2 | 41.5 | – |
| 1996년 1월 | 29.8 | 39.8 | 25.4 | 41.7 | – |
| 1997년 1월 | 32 | 41.9 | 27.5 | 42.7 | – |
| 1998년 1월 | 32.1 | 42.6 | 27.5 | 42.9 | – |
| 1999년 1월 | 28.7 | 36.8 | 25 | 38.6 | – |
| 2000년 1월 | 31.7 | 39.1 | 28.2 | 40.6 | – |
| 2001년 1월 | 32.6 | 39.7 | 29.4 | 40.9 | – |
| 2002년 1월 | 41.4 | 47.2 | 38.6 | 48.1 | – |
| 2003년 1월 | 50.1 | 55.2 | 47.4 | 55.8 | – |
| 2004년 1월 | 55.9 | 57.6 | 55 | 60.2 | 63.8 |
| 2005년 1월 | 55.3 | 57.1 | 54.3 | 60.1 | 65.4 |
| 2006년 1월 | 61.1 | 59.3 | 62.7 | 62.3 | 69 |
| 2007년 1월 | 76.5 | 72.4 | 79.8 | 65 | 70.9 |
| 2008년 1월 | 78.2 | 77 | 79.4 | 65.8 | 71 |
| 2009년 1월 | 79.6 | 82.9 | 76.9 | 67.4 | 72.4 |
| 2010년 1월 | 82.5 | 84.2 | 81 | 69.3 | 74.4 |
| 2011년 1월 | 80.7 | 82 | 79.6 | 74.3 | 80.9 |
| 2012년 1월 | 80.1 | 81.7 | 78.8 | 85.5 | 95.6 |
| 2013년 1월 | 76.3 | 78.5 | 74.6 | 86.8 | 98.7 |
| 2014년 1월 | 75.2 | 77.1 | 73.7 | 88.7 | 101 |
| 2015년 1월 | 76.1 | 77.8 | 74.7 | 91.8 | 103 |
| 2016년 1월 | 80.4 | 81.8 | 79.2 | 97.6 | 106 |
| 2017년 1월 | 83.7 | 84.8 | 82.8 | 98.7 | 105 |
| 2018년 1월 | 89.1 | 89.4 | 88.8 | 99.5 | 103 |
| 2019년 1월 | 100 | 100 | 100 | 100 | 100 |
| 2020년 1월 | 104 | 103 | 104 | 101 | 96.7 |
| 2021년 1월 | 118 | 119 | 118 | 110 | 102 |

출처 : KB국민은행 리브온 KB월간주택가격동향

| 시기 | 부산 | 대구 | 인천 | 광주 | 대전 | 울산 |
|---|---|---|---|---|---|---|
| 1986년 1월 | 20.1 | 24.9 | 26.1 | 30.6 | 32.7 | 26 |
| 1987년 1월 | 19.4 | 25 | 23.6 | 30.2 | 30.3 | 25.5 |
| 1988년 1월 | 25 | 33.7 | 25.1 | 32.9 | 30 | 30.4 |
| 1989년 1월 | 30.9 | 36.7 | 31 | 42.5 | 33.4 | 39.3 |
| 1990년 1월 | 39.3 | 42.9 | 36 | 56.1 | 36.9 | 46.2 |
| 1991년 1월 | 56.1 | 53.5 | 42.8 | 58.5 | 45 | 53.2 |
| 1992년 1월 | 50.9 | 48.8 | 41.8 | 57.6 | 43.6 | 51.1 |
| 1993년 1월 | 45.7 | 46.6 | 39.9 | 57.4 | 40.1 | 47.6 |
| 1994년 1월 | 43.4 | 45.2 | 39.9 | 57.3 | 37.1 | 46.3 |
| 1995년 1월 | 43.2 | 45.3 | 40.6 | 57.6 | 37.1 | 46.3 |
| 1996년 1월 | 43.1 | 44.7 | 41.7 | 57.6 | 37.7 | 47.3 |
| 1997년 1월 | 43.2 | 44.2 | 43.8 | 57.7 | 40.6 | 47.7 |
| 1998년 1월 | 41.9 | 42.8 | 46 | 56.4 | 43.3 | 46.6 |
| 1999년 1월 | 37.5 | 37.7 | 40.9 | 48 | 43.4 | 39.9 |
| 2000년 1월 | 40.1 | 41.3 | 43.8 | 47.9 | 43.3 | 41 |
| 2001년 1월 | 41.7 | 41.1 | 44.6 | 46.3 | 41.9 | 41.8 |
| 2002년 1월 | 47.9 | 49.6 | 58 | 46.5 | 48.5 | 45.2 |
| 2003년 1월 | 54.5 | 54.6 | 70.4 | 51.2 | 58.2 | 54.2 |
| 2004년 1월 | 59.2 | 57.9 | 74.4 | 53 | 69.9 | 56.9 |
| 2005년 1월 | 58 | 58.5 | 71.9 | 55.1 | 70.3 | 58.7 |
| 2006년 1월 | 57.8 | 64.7 | 72.3 | 58.2 | 73 | 61.3 |
| 2007년 1월 | 57.5 | 65 | 82.7 | 60.1 | 71.1 | 71 |
| 2008년 1월 | 57.9 | 62.9 | 89.6 | 60 | 69.7 | 71.7 |
| 2009년 1월 | 60.2 | 60.4 | 98 | 61.1 | 69.9 | 71 |
| 2010년 1월 | 64.2 | 60.4 | 97.8 | 61 | 74.7 | 73.1 |
| 2011년 1월 | 75.7 | 61.9 | 95 | 63.6 | 82.4 | 76.3 |
| 2012년 1월 | 91.5 | 71.2 | 92.8 | 79.2 | 96.5 | 90.1 |
| 2013년 1월 | 90.2 | 76.4 | 88.8 | 83 | 95.1 | 97.2 |
| 2014년 1월 | 89.8 | 84.7 | 87.4 | 85.1 | 95.7 | 97.9 |
| 2015년 1월 | 91.3 | 91.8 | 89.6 | 88.4 | 95.9 | 101 |
| 2016년 1월 | 96.4 | 101 | 95.9 | 93.8 | 96.1 | 107 |
| 2017년 1월 | 101 | 97.7 | 98.3 | 94 | 96.7 | 107 |
| 2018년 1월 | 102 | 97.7 | 99.8 | 95 | 97.8 | 105 |
| 2019년 1월 | 100 | 100 | 100 | 100 | 100 | 100 |
| 2020년 1월 | 98.6 | 101 | 100 | 100 | 108 | 96.2 |
| 2021년 1월 | 109 | 112 | 109 | 103 | 122 | 108 |

서른살, 비트코인으로 퇴사합니다

앞의 두 표는 1986년부터 2021년까지 각 지역의 아파트 매매가격 평균을 2019년 1월을 기준으로 하여(100) 비율로 표시한 것이다. 재미있는 것은 2021년도 1월 현재 아파트가 역사상 가장 고점인 부근에 있다는 점이다. 사람들은 왜 고점이 되어서야 열광을 하는 걸까? 지금 영끌하여 아파트를 산 사람들의 선택이 잘못되었다고 말하고 싶은 것은 아니다. 그들의 결정을 존중한다. 아파트라는 자산은 주요 생활공간이며, 단순한 투자가 아닌 '내집 마련'의 의미가 있다. 물론 앞으로도 더 상승 여력이 남아 있을 수도 있다.

여기서 말하고 싶은 부분은 2000년대 초반에는 '아파트를 사는 것은 미친 짓'이라고 대부분이 생각했다는 것이다. 돌아보면 2000년대 초반에 아파트를 사서 아직까지 안 판 사람들은 많은 돈을 벌었다. 즉 대부분의 사람들이 예상했던 것, 미디어에서 이야기했던 각종 부정적인 이야기들, 부동산 전문가들이 나와서 말했던 폭락에 대한 이야기들은 지금 다시 살펴보기 민망할 정도로 어긋난 예측이었다.

최근 2021년도가 되어 주식투자 열풍이 불고 있다. '동학개미운동'은 사회적 현상이 되었고, 각종 주식과 해외 주식에 대한 관심은 굉장히 높다. 서점에 가보면 경제 분야는 주식과 관련된 책으로 가득 차 있다. 베스트셀러들 중에서도 꽤 많이 보인다. 코스피 지수가 3,000이 된 현재에서야 관심을 가지고 이제 막 뛰어드는 사람들이 늘어나고 있다. 그런데 주식으로 정말 돈을 많이 벌 수 있었던 것은 2020년도 3월, 코로나 팬데믹으로 인해 코스피 지수가 1,400까지 내려갔을 때이다. 그때 분할 매수를 실천했던 사람들은 큰돈을 벌었다. 물론 지금이라도 사람들이 주식투자를 사기나 도박이 아닌 '투자'로 생각하게 된 것은 개인적으로 다행이라고 생각한다.

# 비트코인 가격 흐름으로 보는
# 사회 통념과 실제 기회와의 괴리

과거 비트코인 투자도 상당히 비슷했다. 2011년 11월 가격이 얼마였는지 아는가? 2달러였다. 이때 당시 우리는 비트코인의 존재 자체도 몰랐지만, 비트코인을 아는 사람들에게 이것은 엄청난 충격이었다. '비트코인 따위'가 2달러(2,200원)나 된다는 것이 충격이었기 때문이다. 가상의 돈 따위가 어떻게 2,200원이나 될 수 있다는 말인가? 사람들은 오락을 하듯이 10만 원 정도로 비트코인 500개를 사고팔았고, 더 스릴 있게 해당 게임에 참여하는 사람들은 100만 원 정도로 5,000개를 사고팔았다.

2013년 12월에 비트코인이 개당 1,000달러가 되었다. 이때 장난으로 100만 원을 투자했던 사람은 2021년 500배 5억 원의 수익을 얻는다. 당시 비트코인에 많은 사람들이 열광했지만, 한편으론 사기 위험성에 대한 경고도 있었다. '투기, 광기, 사기, 다단계' 등 비트코인과 관련된 사람들의 반응은 대부분 부정적이기만 했다. 비트코인을 믿는 사람들을 완전히 미친 사람 취급했다. 상상해보라. 지금도 비트코인에 투자한다고 하면 이상하게 보는 판국에, 2013년도에 '비트코인은 디지털 금입니다'라고 주장한다면 얼마나 미친 사람처럼 볼 것인가?

그리고 2013년도 12월 1,000달러 고점을 찍고, 2015년도 1월까지 하락한다. 즉 1년 정도를 하락한 것이다. 비트코인에 대해서 부정하는 사람들은 본인의 생각이 옳았다며, 다신 이 따위 도박은 하지 않겠다고 다짐한다. 그리고 2015년도 하반기부터 본격적인 상승장이 시작된다. 역시 이때도 많은 사람들은 '투기, 광기, 사기, 다단계' 등의 표현을 쓰며 비트코인에 대해 비난했다. 하지만 많은 비난에도 불구하고 비트코인은 2018년 1월까지 변동성 속에 큰 상승을 하며 2만 달러의 고점을 갱신한다. 2013년도 12월 고점 1,000달러에 비트코인 1개를 가지고 있던 사람이라면 20배의 수익을 얻을 수 있었다. 100만 원으로 2,000만 원을 벌 수 있었던 것이다. 맨 처음 말했던 2011년에 100만 원을 투자했던 사람은 1만 배 수익을 얻었다. 100만 원 × 10,000 = 100억 원이다. 100만 원이 100억 원이 되는 마법! 믿기는가? 이게 실제로 일어난 일이다. 이게 일어난 곳은 바로 사람들이 '사기'이며, '다단계'이며, '스캠'이라고 비난했던 '비트코인'이라는 자산이다.

이 시기에 장난으로 투자한 사람들, 돈만 벌고 싶은 일반 투자자들은 돈을 잃기도 하고 벌기도 하였지만 이 자산의 가치를 정확히 인식

한 사람들의 세상은 확실히 바뀌게 된다.

이들은 이보다 더 좋은 기회가 없음을 인지하고 비트코인을 대량 구매한다. 그리고 억만장자 대열에 합류한다. 페이스북 창업자 마크 주커버그와 함께 하버드를 졸업한 제미니 거래소의 윙클보스 형제들, 그레이스케일 자산운용사의 모회사 DCG그룹의 회장인 베리실 버트 등이 그렇다. 이들은 각각 비트코인 거래소를 설립하고, 자산운용사를 설립하는 등 활동을 이어가고 있다.

하지만 2018년 1월 이후 우리나라에서는 '박상기의 난'과 각종 토론 방송을 통해 비트코인은 '사기, 다단계, 스캠, 위험한 것'으로 분류된다. 대부분의 사람들은 2018년도 1월부터 2019년 3월까지의 긴 하락을 지켜보며 비트코인은 끝났다고 말했다. 이 시기에 대다수의 투자자들은 시장을 떠나고 비트코인은 역시 무가치한 것이라고 욕을 했다. 그리고 많은 사람들의 인식 속에서 잊혀져 가고 있었다. 하지만 이 순간에도 비트코인을 10만 개 이상 가지고 있는 '비트코인 고래'들은 아랑곳 하지 않고 그 숫자를 늘려 나간다. 즉 비트코인이 가치가 있는 것이라고 생각한 사람과, 비트코인이 가치가 없다고 생각한 사람의 행동이 이렇게나 차이가 났다는 것이다. 누군가는 시장에 내놓고 매도하기 바쁜데, 누군가는 시장에 나온 비트코인을 매수하기 바빴다.

2019년 3월부터 상승을 한 후 2020년 말 비트코인은, 2017년도의 전고점을 넘기며 세상은 큰 혼란을 겪는다. '비트코인은 사기이며 스캠이고 다단계다'라고 하는 사람과 '비트코인은 디지털 금이며 가치가 있다'라고 하는 사람들 사이의 행동은 극과 극으로 나뉘고 있다. 여전히 누군가는 관심도 없고, 누군가는 매수하기에 바쁘다.

2030년에는 전 세계인의 90%가 비트코인을 보유하고 있을 것이라는 보고서가 나왔다. 단언컨대 앞으로도 비트코인에 대한 수요는 꾸준히 늘 것이고, 나중에 가서는 비트코인을 가지고 있지 않으면 '바보' 소리 듣는 시대가 오리라고 생각한다. 그리고 이것은 이미 어느 정도 현실이 되어가고 있는 게 사실이다.

비트코인의 가격은 거시적 관점에서 지속적으로 우상향해왔다. 고점에 물려있어도 '구조대'가 올라와서 큰 수익을 안겨준 자산이다. 이 상승이 앞으로도 지속될 것인지에 대해서 우리가 확신할 수 있다면 아직 기회는 있는 것이 분명하다. 비트코인은 분명한 기회다. 그리고 그 기회를 잡고 계층 사다리를 이동하는 사람들은 이 순간에도 있다.

# [2019년 8월 세력의 투자 일기]

비트코인 단기 고점 1,684만원(2019.06.26.), 수익이 순간적으로 커졌다.

상당히 기분이 좋았고 흥분 상태가 되었다. 비트코인 슈팅(급등)이 와서 1년 동안 모았던 돈보다 큰돈이 생겼기 때문이다. 나는 예상대로 알트 불장이 와서 2개월 내에 억대 이상의 수익이 생기리라 예상했다. 첫 계획대로 되어가는 것 같았다.

하지만 생각처럼 되진 않았다. 비트코인이 단기 고점 1,684만원에서 1,350만 6,000원까지 내려와 내 수익의 많은 부분을 시장에 반납했다. 상당히 뼈아프다. 비트코인을 매도하고 알트코인을 매수한 것이 가장 큰 패인이다.

좋은 시점에 잘 투자했지만 익절을 제대로 하지 못하면 결국 원점으로 돌아온다는 사실을 알았다. 또한 큰 상승이 나오면 다음은 반드시 조정을 받는다. 영원한 상승이란 없다. 그리고 비트코인으로 알트코인을 사는 것은 굉장히 위험하다.

중간중간 비트코인이 너무 많이 오르니 뇌동 매매를 했다. 금번 뇌동 매매는 이익을 줬지만, 다음은 알 수 없다. 뇌동 매매는 위험하다. 많이 오르는 것을 구경하고 있으면 따라서 타게 된다. 그것은 정말 치명적인 문제다. 거래소들 현황을 살펴보면 모든 수익을 반납한 상황이다. 이런 일이 반복되면 초조해진다. 하지만 괜찮다. 이 시장은 100년에 한 번 오는 기회이기 때문이다.

제**3**장

# 100년에
# 한 번 오는
# 기회를 잡아라

# 비트코인의
# 실체

'비트코인은 실체가 없는데 그걸 어떻게 믿고 투자해?'라는 말을 정말 많이 들었다. 실체가 없는 비트코인 따위에 투자하는 사람들을 이상하게 쳐다보는 우려 섞인 목소리이다. 하지만 이렇게 말하는 사람들이 믿어 의심치 않는 법정화폐는 과연 실체가 있는 것인지에 대해서 한번 생각해보아야 한다. 우선 화폐의 가치란 왜 생기는 걸까? 우리가 들고 있는 만 원의 가치는 왜 생겨나는 것일까? 이런 생각을 평소에 해본 적 없는 사람들이 대부분일 것이다.

'만 원이 만 원이니까 가치가 있다' 정도의 대답을 내놓았을 가능성이 높다. 그것은 정답이다. 다만 좀 더 생각해보아야 한다. 만 원이라는 지폐의 가치에 사회가 합의했고 언제 어디서든 합의를 지키기로 우리는 약속을 했다. 그 약속에 대해 보증해주는 것은 정부이다. 정부의 신용이 결국 우리나라 지폐 만 원의 가치를 보증해주는 것이다. 물론 그런 일은 없을 것이고 일어나서도 안 되겠지만 우리나라가 망하면 어떻게 될까? 보증해 주는 주체가 없어지기 때문에 원화가 돈이라는 믿음은 사라지게 된다. 우리가 쓰고 있는 화폐는 정부의 보증으로 이루어지고 정부의 상황에 따라서 가치가 달라질 수 있는 것이다.

위 상황이 일어나고 있는 곳이 베네수엘라이다. 과거 베네수엘라는 세계 1위 석유 매장량으로 풍요로움을 지속할 수 있었다. 그런데 베네수엘라 정부정책으로 인해 막대한 부를 이루고 있는 석유재벌이

[베네수엘라의 상황들]

해산되었고 그 돈이 '기본소득제' 명목으로 무상복지에 사용되었다. 이에 따라 베네수엘라 화폐가치는 '0'에 수렴하는 '하이퍼인플레이션'이 진행됐고, 노동으로 먹고 살 수 있는 시대가 끝나고 혼돈의 시대가 왔다.

여기서 주목해야 하는 건 베네수엘라 서민층의 돈은 모두 비트코인에 몰리고 있고, 부유층의 돈은 달러로 몰리고 있다는 사실이다. 달러에 돈이 몰리는 상황에 대해서는 아마 많은 이들이 공감할 것이다. 달러는 현재 국제 화폐 시스템에서 중심이 되는 기축통화이고, 안전자산으로 분류되기 때문이다. 하지만 비트코인은 왜 수요가 몰리는 것일까? 베네수엘라에서는 이미 비트코인이라는 자산이 자국 화폐보다 훨씬 가치있다고 생각되고 있다. 정부가 보증하는 화폐보다 더욱 신뢰하는 것이 비트코인이라는 자산인 것이다.

아마 여기까지 읽은 사람들은 '베네수엘라니까 그렇겠지'라고 말할 수 있다. 그렇다면 달러로 예를 한번 들어보겠다.

제2차 세계대전 이후, 글로벌 경제 패권이 미국으로 넘어갔다. 1944년 강대국들의 브래튼우즈 협정 체결로 인해 달러는 글로벌 기축 통화가 되었다. 이때 당시 미국은 금의 양에 비례해서 달러를 발행할 수 있다는 금본위제를 내세웠다. 언제든 달러를 금으로, 금을 달러로 교환할 수 있게 미국 정부가 일정량의 금이 있어야만 달러를 발행할 수 있도록 각국 정부가 합의를 본 상황이었던 것이다.

쓰레기가 되어서 거리에 널브러진 베네수엘라 지폐 볼리바르

그러나 베트남 전쟁을 치르면서 미국의 경제력은 약해져 갔다. 이때 불안을 느낀 세계 각국은 자신이 보유한 미국 달러를 금으로 바꾸길 원했다. 그러자 미국은 1971년 8월, 달러와 금의 교환 정지를 선언하고 금본위제를 폐지했다. 금이라는 담보가 없는 상태에서 달러 발행이 가능하게 되자 미국은 달러를 무한정 찍을 수 있게 되었다. 금융 시스템에 문제가 생길 때마다 달러를 더 찍어냈고 그 결과는 수년간의 인플레이션으로 돌아왔다. 종이 화폐가 시중에 많이 풀리고 늘어나니까 자연스럽게 해당 화폐의 가치가 떨어진 것이다.

우리나라의 예만 해도 지난 몇 십 년을 돌아보면 부동산 집값이

어마어마하게 올라가지 않았는가? 그건 집값이 올라갔다고 해석할 수도 있지만, 우리나라 정부가 만든 만 원짜리 화폐의 가치가 떨어졌다고 볼 수도 있다.

과거에 노동으로 얻을 수 있는 급여와 현재의 급여가 차이가 있긴 하지만, 인플레이션을 쫓아갈 수 있을 정도로 많이 오르진 않았다. **우리의 노동에 대한 대가는 지속적으로 적어지고 있는 상황인 것이다.** 특히 코로나 팬데믹 발발 이후 종이돈은 시중에 무한대로 풀리고 있다. 그에 따라 세계 증시는 활황이고 종이돈 외에, '자산'으로 취급되는 모든 것들의 가격은 파죽지세로 오르고 있다. 이것은 불합리 같은 것은 아니다. 단지 우리가 사용하고 있는 돈의 가치가 점점 없어지고 있는 것이다. 우리의 급여는 경제 상황과 인플레이션에 따라 오르지 않는다. 이 순간에도 우리의 실질 근로소득은 점점 줄어들고 있고 돈의 가치는 한없이 떨어지고 있다. 이 상황에 대해 대안을 마련하지 못한다면 요즘 유행하는 '벼락거지'가 되어버릴지도 모른다.

[연도별 임금의 변화]

| 시기 | 최저임금<br>(시급) | 대기업<br>(300인 이상) | 중소기업<br>(5~299인) | 1인당<br>GNI | 지니 계수<br>(시장소득기준) |
|---|---|---|---|---|---|
| 1950년 | – | – | – | 67달러 | – |
| 1960년 | – | 5,660원 | – | 79달러 | 0.344 |
| 1970년 | – | 1만 4,301원 | – | 254달러 | 0.332 |
| 1980년 | 462.5원 | 15만 4,126원 | 13만 4,196원 | 1,645달러 | 0.311 |
| 1990년 | 690원 | 69만 1,205원 | 46만 3,029원 | 6,147달러 | 0.266 |
| 2000년 | 1,865원 | 211만 9,824원 | 124만 2,696원 | 1만 2,179달러 | 0.279 |
| 2010년 | 4,110원 | 414만 원 | 247만 9,000원 | 2만 3,118달러 | 0.315 |
| 2020년 | 8,590원 | 520만 3,356원 | 349만 4,936원 | 3,100달러 예상 | 0.339 |

**[연도별 아파트 가격]**(단위 : 만 원)

| 시기 | 서울 | 강북(14개구) | 강남(11개구) | 6개 광역시 | 기타 지방 |
|---|---|---|---|---|---|
| 2008년 12월 | 52,530 | 40,749 | 62,364 | 14,639 | 10,235 |
| 2009년 1월 | 51,925 | 40,456 | 61,498 | 14,570 | 10,205 |
| 2010년 1월 | 53,994 | 41,024 | 64,820 | 14,892 | 10,412 |
| 2011년 1월 | 52,775 | 40,096 | 63,358 | 15,617 | 11,262 |
| 2012년 1월 | 53,767 | 40,952 | 64,291 | 18,286 | 14,111 |
| 2013년 1월 | 50,567 | 39,212 | 59,893 | 18,354 | 14,492 |
| 2014년 1월 | 48,396 | 38,097 | 57,038 | 19,405 | 15,458 |
| 2015년 1월 | 49,283 | 38,553 | 58,286 | 20,545 | 16,057 |
| 2016년 1월 | 55,282 | 42,566 | 66,109 | 24,942 | 18,547 |
| 2017년 1월 | 59,769 | 45,361 | 72,036 | 25,938 | 18,721 |
| 2018년 1월 | 67,613 | 49,756 | 82,816 | 26,734 | 18,465 |
| 2019년 1월 | 81,439 | 61,365 | 99,082 | 27,588 | 18,104 |
| 2020년 1월 | 86,997 | 65,592 | 106,266 | 28,308 | 17,571 |
| 2021년 1월 | 106,108 | 83,210 | 126,232 | 33,264 | 19,594 |

　　2010년 1월 기준 서울 아파트는 약 5억 4,000만 원 정도이지만, 2021년 1월 시점에서는 약 10억 원이다. 10년 동안 아파트를 가지고만 있어도 평균 5억 원을 벌 수 있었다는 통계가 나온다. 우리의 임금이 10년 동안 늘어나기는 했지만 액수 자체가 큰 아파트의 가격 상승을 급여로 따라잡기에는 턱없이 부족하다. 그래서 지난 10년간 월급만을 바라보며 살아온 사람들은 정말 '벼락거지'가 되었다는 생각이 들 정도인 것이다.

# 비트코인의
# 진짜 가치

그럼 왜 비트코인이 가치가 있고 이 상황에 대한 대안이 되는 기회인지 설명해보겠다. 비트코인의 가치가 오르는 이유를 한 문장으로 요약하면 **'앞으로 비트코인에 대한 수요는 늘어날 것이고, 비트코인의 공급은 줄어들기 때문이다'**라고 할 수 있다. 비트코인에 관심을 가지게 될 사람과 가지고 싶은 사람은 점점 늘어나는데, 수량은 한정되어 있고 시장에 풀릴 수 있는 양은 2,100만 개로 제한되어 있다.

많은 사람들이 비트코인이 화폐냐 아니냐에 대해 토론하고, 비트코인이 화폐가 될 수 없는 이유에 대해 말한다. 그리고 비트코인이 달러를 대체할 수 없다는 이야기를 한다. 비트코인이 화폐가 될지 안 될지는 알 수 없다. 다만 비트코인이 왜 가치가 있는지에 대해서는 분명하게 말할 수 있다. 그리고 이걸 분명하게 이해해야만 암호자산 투자로 흔들림 없이 나아갈 수 있다.

근본적으로 가치란 왜 생기는 것일까? 이런 생각을 해본 적이 있으신가 묻고 싶다. 가치라는 것은 어느 날 갑자기 '가치가 있는 물건입니다'하고 짠 나타나는 것이 아니다. 예를 들어 '금'이라는 자산의 기원에 대해 살펴보자. 기원전 5000년경 태양을 숭배하던 고대 이집트인들은 반짝거리는 금을 태양의 상징으로 간주했다고 한다. 이때부터 권력자들은 금으로 된 투구를 쓰고 금 장신구를 사용하며 자신의 권위를 자랑했다.

기원전 650년경 현재의 터키 지역에서 금과 은을 3:1 비율로 섞어 만든 최초의 금화가 만들어졌다. 이후 고대 그리스와 로마에서 이 금화가 널리 사용된다. 이로써 장신구로만 쓰이던 금이 경제 가치를 획득하게 되었다. 로마제국이 몰락한 뒤에 금은 한동안 자취를 감췄지만 13세기 이탈리아 도시국가에서 중흥한다. 당시 플로린이라는 금화가 사용되었고 이는 한때 유럽의 기축통화 역할을 했다.

근대가 시작되며 화폐(종이돈)가 생겼지만 사람들은 처음에 그 가치를 믿을 수 없었다. 1816년 영국이 금에 화폐가치를 고정해 경제를 운용하는 금본위제를 채택하고 나서야 사람들은 화폐를 조금씩 신뢰하였고 결국 20세기 초 모든 국가는 자국의 통화를 금에 1:1로 고정하였다.

금 역시 처음에는 돌덩어리였을 것이다. 노란색 돌덩어리 말이다. 그런데 사람들은 그 노란색 돌덩어리가 가치가 있다고 느끼기 시작했고 그 생각이 많은 사람들에게 전해졌다. 그리고 현대에 와서 금은 가치가 있다고 모두가 합의를 보게 된 것이다.

우리에게 친근한 아파트를 예로 들어보자. 아파트의 가격은 어떻게 형성되는가? 사람들이 가치가 있다고 생각하는 만큼 그 가격이 오르지 않는가? 서울에 있는 아파트 중에서도 학군이 좋고 교통이 좋으며 역세권에 있는 아파트가 가치가 있다고들 한다. 즉 본질적으로 가치라는 것은 많은 사람들로 하여금 인정을 받을 때 생겨난다는 것이다. 그리고 다시금 올라간 가격으로 인해 더욱 가치가 있는 것으로 여겨진다.

**[비트코인의 가격 상승에 따른 거래량 추이]**

비트코인 가격 증감(캔들 그래프)과 거래량 변화(색깔 박스)

서른살, 비트코인으로 퇴사합니다

비트코인의 이야기를 해보자. 2016년도 비트코인의 가격이 저렴했을 때보다 2017년도 가격이 훨씬 많이 올랐을 때 사는 사람과 파는 사람이 많았다. 파는 사람들이야 가격이 올랐으니까 판다고 생각할 수 있는데 사는 사람들이 늘어난 이유가 뭘까? 비트코인이라는 시스템은 그대로인데 가격은 많이 올랐을 뿐이다. 왜 사람들은 가격이 저렴할 때 사지 않고, 가격이 올랐을 때 사려고 하는 것일까?

가격이 올랐을 때 비로소 사람들은, 그것이 가치가 있는 것이라고 여기기 때문이다. 더 나아가 가격이 올라야만 가치가 있는 것이라고 생각한다. 투자에 참여하는 입장에서는 가치 있는 것이 가격이 저렴하면 더욱 투자하기 좋은 여건인데도 반대로 생각한다. 이것을 '투자자의 비합리성'이라 한다. 이러한 부분들이 왜 생겨나는지에 대해서는 뒷장에서 다루도록 하겠다.

다시 본론으로 들어와서 가치라는 것은 결국 사람들이 믿을 때 생겨나는 것이다. 비트코인의 가치가 생겨나는 가장 근원적인 이유는 많은 사람들이 비트코인의 가치를 믿기 시작했기 때문이다. 이것이 가장 원론적이고 확실한 이유가 될 것이다.

처음 비트코인이 탄생하고 10원이 되자 당시 비트코인을 아는 사람들은 모두 기절할 만큼 놀랐었다는 사실을 알고 있는가? 비트코인 따위가 10원이 되었을 때 비트코인을 아는 사람들은 '말도 안 된다'라고 했다. 그리고 그것이 반토막이 나고 2원으로 내려갔을 때, 많은 사람들이 '역시 사기다'라고 말했다. 그러던 어느 날 2010년 5월 22일, 한 소프트웨어 개발자가 비트코인으로 피자를 계산해 먹는 일이 일어난다. 암호화폐 업계는 그 날을 '피자데이'라 하여 오늘날까지도 굉장히 역사적인 날로 기록하고 있다. 실제적으로 비트코인과 물품을 교환한 첫 번째 사례이기 때문이다.

비트코인은 신원 불분명의 프로그래머 '나카모토 사토시'의 백서(白書)로부터 탄생했다고 전해진다. 2008년 금융위기로 인해 현대 금융 시스템에 대한 불신이 팽배해진 시점이었다. **그렇게 비트코인은 2009년 '탈중앙화'를 목표로 기존 화폐와 금융 시스템에 대한 대안으로 탄생했다.** 이 얘기를 처음 듣는 독자들이 있다면 이것 자체로도 굉장히 놀라울 것이다.

'정말?'이라고 놀라셨겠지만 실제로 그러하다.

'투기, 도박'이라던 비트코인에 대한 부정적인 평가와는 별개로, 비트코인은 기존 금융 시스템의 문제를 개선하고자 탄생했다. 그 처음에 나카모토 사토시의 메일이 있었다. 메일의 제목은 'bitcoin P2P e-cash paper' 직역하면 '비트코인, 개인간 거래 전자현금 백서'이다. 메일의 내용은 '제3의 신용 기관이 필요 없고, 완전히 개인간의 거래로 이뤄진 새로운 전자화폐 시스템을 개발해오고 있다'라는 것이었다. 이 사토시라는 사람의 정체는 아직까지도 미스터리인 상태이다. 사람이 아니라 컴퓨터라는 이야기도 있고 한 집단이라는 이야기도 있다. 좀 더 음모론적인 이야기들도 많다.

알아야 할 건 이전부터 암호화폐에 관심이 많은 연구자들과 금융 기관들이 있었다는 것이다. 암호 및 보안 전문가들은 1990년대 초부터 인터넷 커뮤니티 '사이퍼펑크'에 모여 전자화폐에 대한 수많은 논의와 시도를 해왔다. 중앙기관(기업, 은행)을 통한 금융 시스템에 의해서 전자결제가 이루어질 때는 우리의 소비 패턴과 정보가 모두 데이터상에 남게 된다. 사이퍼펑크는 이러한 시스템에 불만을 느꼈고, 소비에 대한 프라이버시가 존중되고 보호되어야 한다고 생각했다.

이들은 매주 모임을 열어 그들만의 커뮤니티를 발전시켰고 암호학을 활용한 개인의 사생활 보호를 집중적으로 연구했다. 그러던 중 개인간 직거래가 가능한 새로운 개념의 자산을 소개하는, 나카모토 사토시의 메일이 도착하자 이들의 이목을 끈 것이다.(출처 : 〈넥스트 머니〉 고란 저, 2018)

즉 비트코인이란 자산은 어느 날 나카모토 사토시에 의해 '짠' 하고 나타난 것이 아니라 나름의 학술적 역사와 전통 속에서 나온 결과물이라는 것이다. 해당 분야에 대해 연구해오던 사람들 사이에서 그 개념이 탄생했고 점차 발전해 나카모토 사토시에 의해 완성되었다고 볼 수 있다. 그러던 중 금융위기가 발생했다. 은행이라는 시스템과 국가의 신용 보증이 결코 각 개인의 자산을 완벽하게 보증해주는 것이 아니라는 걸 사람들은 깨닫게 되었다. 이때 현대 금융 시스템과는 전

혀 다른 방식으로 가치를 만들어낸다는 새로운 자산이 등장했으니, 많은 사람들이 관심을 가진 것이다.

실제로 비트코인은 금융기관이라는 플랫폼 없이 개인과 개인의 접촉으로 거래할 수 있다. 통상적으로 비트코인을 사고팔 때 거래소를 이용한다고 하지만 그것은 투자의 편의를 위한 것이고 비트코인의 본질은 아무런 중개기관 없이 개인과 개인이 주고받을 수 있다는 데 있다. '블록체인'이라는 거래내역 장부 기술이 보증해주는 셈이다. 국가나 기관의 보증 없이도 그 자체로 인정된다는 점에서 현대 금융과 다른 매력이 있었다.

그래서 현대 금융 시스템에 위기가 올 때, 증시가 폭락할 때야 말로 비트코인의 가격이 폭등하는 시점이라고 말하곤 한다. 하지만 최근 가격 흐름을 보면 이 주장은 현실과 맞지 않다. 현대 금융에 비트코인이 편입되기 시작해서이다. 비트코인이 디지털 금으로서 안전자산이 될 수 있음을 기업들이 깨닫기 시작했고 투자 대체품이 됐기에 증시와 크게 다른 방향으로 움직이지는 않는다. 코로나 팬데믹 이후 모든 종류의 투자 지수가 하락했고 V자 반등에 성공하며 순항했다. 비트코인도 마찬가지였다.

주목해야 할 점은 이 비트코인이 누구의 보증 없이도 10년이 넘는 시간 동안 살아남았고 2021년 현재는 제도권 안으로 들어와, 세금까지 부과받으며 비트코인에 투자하는 기업들이 점점 늘어나고 있다는 것이다. 비트코인이 만약 사기였다면 지금까지 살아남을 수 있었을까? 만약 이게 이 세상에 해가 되는 자산이었다면 각국 정부가 가만히 놔두었을까?

음모론이라고 여겨지는 이야기들 중 흥미로운 이야기들이 있다. 첫째 비트코인이라는 자산은 각국 정부 비밀합의 하에 만들어진 자산이라는 주장이다. 둘째 우연히 만들어졌지만 각국 정부 합의 하에 살려 두기로 정했다는 주장이다. 두 주장의 공통점은 비트코인과 암호자산은 미래 화폐의 방향성에 부합하고 정부간에 일정부분 합의가 되었다는 점이다. 그렇지 않고서야 지금의 시대 흐름이 이해가 안 되는 것이 사실이다. 이러한 주장의 진위 여부를 알 수 있는 방법은 없다. 이 부분에 대해서는 독자들의 판단에 맡기고 싶다.

다만 최근 캐나다 비트코인 ETF(Exchange Traded Fund : 상장지수펀드)가 승인되었고, 우리나라에서도 비트코인 시세 차익에 대해 과세하기로 정해진 상황이다. 10원에도 놀라던 비트코인이 가격이 이제는 5,000만 원이 넘어 그 자체가 정식 자산으로 인정을 받고 있는 상황인 것이다.

한번 생각해보자. 비트코인 가격이 10원에서 1만 원까지 상승하고, 수많은 사람들이 사기 및 도박, 스캠이라고 생각했던 시점에서 비트코인이 살아남을 확률이 높을까? 아니면 각국에서 비트코인 ETF 상품이 나오고 투자 수익에 과세까지 하는 현재 시점에서 앞으로도

**Purpose**
INVESTMENTS

ETF FACTS
PURPOSE INVESTMENTS INC.
**PURPOSE BITCOIN ETF – ETF UNIT**
February 11, 2021

This document contains key information you should know about the Purpose Bitcoin ETF. You can find more details about this exchange traded fund (ETF) in its prospectus. Ask your representative for a copy, contact Purpose Investments Inc. at info@purposeinvest.com, or by calling 1-877-789-1517 or visit www.purposeinvest.com.

**Before you invest, consider how the ETF would work with your other investments and your tolerance for risk.**

This ETF is an alternative mutual fund. It is permitted to invest in asset classes or use investment strategies that are not permitted for other types of mutual funds. The specific strategies that differentiate this fund from conventional mutual funds may include the: ability to borrow cash to use for investment purposes and increased ability to invest in physical commodities. While these specific strategies will be used in accordance with the fund's investment objectives and strategies, during certain market conditions they may accelerate the pace at which your investment decreases in value.

The ETF invests in bitcoin. Given the speculative nature of bitcoin and the volatility of the bitcoin markets, there is considerable risk that the ETF will not be able to meet its investment objectives. An investment in the ETF is not intended as a complete investment program and is appropriate only for investors who have the capacity to absorb a loss of some or all of their investment.

**QUICK FACTS**

| | | | |
|---|---|---|---|
| Date ETF started: | February 11, 2021 | Fund Manager: | Purpose Investments Inc. |
| Total Value of Fund on February 11, 2021: | This information is not available as this class of the ETF is new | Portfolio Manager: | Purpose Investments Inc. |
| Management Expense Ratio (MER): | This information is not available as this class of the ETF is new | Distributions: | Annually, if any |

**TRADING INFORMATION**
(12 MONTHS ENDING FEBRUARY 11, 2021)

**PRICING INFORMATION**
(12 MONTHS ENDING FEBRUARY 11, 2021)

| | | | |
|---|---|---|---|
| Ticker Symbol: | BTCC | Market price: | This information is not available as this class of the ETF is new |
| Exchange: | Toronto Stock Exchange | Net asset value (NAV): | This information is not available as this class of the ETF is new |
| Currency: | CAD | Average bid-ask spread: | This information is not available as this class of the ETF is new |
| Average daily volume: | This information is not available as this class of the ETF is new | | |
| Number of days traded: | This information is not available as this class of the ETF is new | | |

**WHAT DOES THE ETF INVEST IN?**
The ETF seeks to replicate the performance of price of bitcoin, less the ETF's fees and expenses. The ETF will not speculate with regard to short-term changes in bitcoin prices.

**Top 10 Investments** (February 11, 2021)

This information is not available because this ETF is new.

**Investment Mix** (February 11, 2021)

This information is not available because this ETF is new.

살아남을 확률이 높을까? 저자는 후자가 훨씬 확률이 높다고 본다. 비트코인은 앞으로도 가치 보존 수단으로 쓰일 것이다.

# 비트코인이
# 여전히 기회인 이유

만약 시대의 방향성이 이렇다면 이게 왜 우리에게 기회가 될까? 이건 역사를 살펴보아야 한다. 지금을 흔히 4차산업혁명의 시대라고 말한다. 4차산업혁명 가운데 진행되고 있는 블록체인 혁명에 투자하는 것이 바로 비트코인과 암호자산에 투자하는 것이다. 우선, 이 기회에 대해 정확하게 이해하기 위하여 1차산업혁명부터 3차산업혁명까지의 과거를 돌아볼 필요가 있다.

❶ 1차산업혁명의 핵심은 증기기관 기반의 기계화 혁명 그리고 철도 버블이었다

1차산업혁명은 18세기 중반부터 19세기 중반 정도의 시대를 말하며, 영국을 중심으로 발생했다. 인간이 약 1만여 년 동안 이어온 농경 중심의 사회를 산업사회로 전환시킨 것이 가장 큰 변화이며 그 원동력은 기계화였다. 증기기관을 활용한 영국의 섬유공업은 거대 산업화되었고, 인간의 육체노동을 기계가 대체하면서 젊은

인력들이 농촌에서 도시로 삶의 터전을 바꿨다. 그와 함께 등장한 철도 기술이 1차산업혁명의 정점을 찍게 한다. 영국에서 철도 산업은 가장 큰 산업으로 성장하였고, 이에 철도회사 주식에 대한 투자 열풍이 시작되며 본격적인 주가 버블이 생겨나게 된다.

여기서 주목해야 하는 것은 산업혁명 중심에 있던 산업 분야는 단기간에 상상을 초월하는 성장을 하며, 그 성장에 투자를 진행했던 사람들은 큰 부를 이루어 냈다는 것이다. 그리고 그 성장의 끝에는 버블이 존재했다는 점을 이해해야 한다. 각 산업혁명 끝에는 버블이 반드시 일어나기 마련인데, 이 부분에 대해서는 마지막까지 지켜본 이후 한꺼번에 살펴보도록 하겠다.

### ❷ 2차산업혁명의 핵심은 전기에너지 기반의 대량생산혁명 그리고 미국 산업 버블이다

2차산업혁명은 19세기 말부터 20세기 초반까지 시대를 지칭한다. 전기에너지의 등장으로 인해 철강, 화학, 자동차 등의 산업분야가 엄청난 성과를 기록하였으며 이 시대의 핵심 키워드는 대량생산과 분업화였다. 제1차 세계대전이 끝나면서 미국은 엄청난 호황을 맞았고 더불어 포드, GE 등의 글로벌 자동차 업체들이 컨베이어 벨트 등을 도입하면서 대량생산 모델을 만들어 냈다. 이는 폭발적 성장으로 이어진다.

이 시기에 미국의 자동차산업이 크게 성장하며 미국 경제는 1925

년부터 1929년 9월까지 경제적 번영을 누렸다. 아무런 이익을 내지 못한 기업들조차 상장하면 대박이 터졌고, 묻지마 투자가 이어졌다. 묻지마 투자는 곧 버블을 형성하기 시작했다. 버블 속 호황에는 만성적 과잉생산과 실업이라는 그늘이 있었다. 결국 비이성적 과열과 투기를 경험하던 증시는, 1929년 10월 28일 12.6% 급락하면서 대공황이 시작되었다. 10월 28일을 기점으로 뉴욕증시는 2개월 만에 40% 하락했고, 33개월동안 87% 급락세를 경험했다.

사업가들은 기계로 큰돈을 벌었고, 호황 속 버블의 끝에서 잘 빠져나온 투자자도 큰돈을 벌 수 있었다. 같은 호황을 겪더라도 누군가는 큰돈을 벌기도 하고, 버블인 줄 눈치 못 챈 사람들은 크게 몰락했다. 재미있지 않은가? 1차산업혁명과 2차산업혁명은 별개의 사건이다. 하지만 호황도 한계는 있고 호황기가 끝나도 사람들은 과열된 열기 속에서 묻지마 투자를 진행한다. 그리고 이 묻지마 투자는 가치보다 더 큰 버블을 만들어낸다. 매번 누군가는 버블이 꺼지기 전 큰 부를 쟁취하고, 누군가는 버블 속에서 함께 터진다.

❸ 3차산업혁명의 핵심은 컴퓨터와 인터넷 기반의 지식정보 혁명 그리고 닷컴 버블이다

3차산업혁명은 1970년대 후반, 개인용 컴퓨터가 본격적으로 보급되면서 시작되었으며, 1990년대 인터넷이 발달하면서 정점을 찍었다. 인터넷과 스마트혁명으로 미국 주도의 글로벌 IT기업이 부상하기 시작했다. 인터넷을 통해 전 세계 어디서든 정보교류가

가능하게 되면서 많은 사람들이 정보의 가치에 본격적으로 주목하게 됐다. 컴퓨터와 인터넷의 폭발적인 성장세만큼이나 투자자금도 몰리기 시작했다.

1990년대 후반부터 인터넷 열풍에 올라탄 기업들이 우후죽순 증시에 이름을 올리며 블랙홀처럼 자금을 빨아들였다. 회사 이름에 '닷컴(dot-com)'을 붙이면 무조건 돈이 되던 시대였다. 하지만이 'IT 버블'은 2000년을 기점으로 붕괴했다. 2000년 3월 10일 5048.62로 고점을 찍은 나스닥은 2002년 10월 9일 1114.11까지 80% 가까이 추락했다. 코스닥지수는 2000년 말 525로, 같은 해 3월의 사상 최고(2,834) 대비 81.5% 떨어지며 거래를 마감했다.

저자는 비트코인에 처음 관심을 가질 당시 닷컴 버블과 암호자산과의 유사성을 보며 접근하기 시작했다. 그리고 아래 글은 당시의 생각을 적어둔 것이다.

"닷컴 버블 당시에 증권사 객장에 닷컴 관련주는 무엇이든 사겠다며 미국 시민들이 달려들었다. 닷컴 관련 주식들은 20일 연속 상한가를 기록하는 곳들이 속출했고, 일반인들은 기업이 제공하는 정보에 의존하여 투자를 결정했다. 회사 이름에 닷컴을 붙이고 정관에 IT사업을 신규로 추가하면 투자자들이 몰려 상한가를 쳤다. 투자를 쉽게 받았던 기업들에서는 모럴해저드가 발생했다.

이 시기엔 주식 스왑, 해외투자 등의 명목으로 불특정 다수의 투자자를 모아 수금하는 폰지 사기나 유사투자자문업자들의 활발한 활동이 이어졌다. 신규 코인 등장과 닷컴 기업들의 이전 행보가 비슷하다 하길래, 얼마나 비슷한가 보니 그냥 똑같다. 역사는 반복되고, 같은 실수를 반복한다"

개인 SNS계정에 2019년 6월 23일날 올렸던 내용이다. 지금 암호자산에 투자하는 것은 버블이 오기 전 탑승할 수 있는 기회라고 생각했다. 저자는 이 시기에 은행 객장에 찾아가 한도까지 대출을 받았고 비트코인에 투자했다. 2020년 11월. 여전히 비트코인의 가격은 거품이 끼기 전이라고 보고 있다. 상상을 초월하는 버블이 끼게 될 것이고 역시나 이 버블 안에서 살아남는 사람은 큰 부를 얻고, 버블임을 눈치 못 챈 사람들은 큰 부를 잃을 것이다.

앞서 산업혁명이 진행될 때마다 큰 기회가 있었다는 점을 분명히 알 수 있었다. 그리고 그 기회가 진행되던 막바지엔 버블이 형성되고, 그 버블을 잘 빠져나오는 것이 큰 부를 늘리는 데 매우 중요하다는 것을 학습할 수 있었다. 지금을 4차산업혁명 시대라고 한다. 4차산업혁명이 오고 있는 지금, 우리가 비트코인을 산다는 것은 무엇을 의미하는 것일까? 기회에 탑승하는 것일까 버블에 탑승하는 것일까?

2008~2011년도 당시 아파트를 사는 사람에 대해 '미쳤다'라고 말하는 사람들이 많았다. 사람들은 당시 아파트 가격을 '버블'이라고

생각했고 언젠가 터질 것이라고 많이 얘기했다. 부동산 버블에 대해 주장하는 책들이 잘 팔렸고 곧 무너질 것이라는 공포 속에 있었다. 하지만 이제와 보니 그때 아파트를 사고 보유한 사람들은 큰 수익을 얻을 수 있었다.

기본적으로 리스크라는 것은 사람들이 생각하는 것과 항상 다르다. 많은 사람들이 위험하다고 생각하는 것이 실제 안전한 경우가 많았고, 많은 사람들이 안전하다고 생각하는 것은 오히려 위험한 것일 때가 많았다. 모든 투자가 그러하다. 그럼 우린 무엇에 투자해야 할까? 앞서 말했듯 지금은 4차산업혁명이 진행되고 있다. 그럼 그 4차산업혁명 속에서 어떤 기회가 있고, 어떤 기회를 잡아야 할 것인가, 그것은 투자자 본인의 선택이다. 다만 이 기회 속에서 저자가 발견한 기회는 블록체인 혁명이다.

'블록체인'은 분산원장(DLT : Distributed Ledger Technology)을 통해 신뢰를 확보하는 기술이다. 거래내역이 모두에게 복사가 되는 형태이기 때문에, 해당 비트코인이 나의 소유라는 것을 장부에 참여한 모두가 보증하게 된다. 거래가 발생하면 순차적으로 연결된 블록을 따라가며 참여자 전부에게 인증받아야 하기에 통제 권한을 가진 중앙기관 없이도 신뢰를 갖고 거래할 수 있게 된다. 이후 이 마지막 거래가 하나의 블록이 되어 이전 블록 뒤에 체인처럼 이어붙기 때문에 이를 '블록체인(Block Chain)'이라 한다.

나카모토 사토시라는 이름으로 알려진 청년(혹은 집단)이 해당 개념을 처음 제시했을 당시에 블록체인은 화폐를 대체하기 위한 목적만을 지닌 기술이었다. 하지만 2세대 블록체인이라 불리는 '이더리움'이 등장하자 블록체인의 의미는 더욱 확장되었다. 스마트 계약이 가능한 이더리움을 통해서 우리는 모든 유형의 자산을 블록체인 기술로 거래할 수 있게 되었다. 금융 분야에 한정되었던 블록체인의 활용 영역이 무궁무진하게 확장되기 시작한 것이다. 우리 주변의 많은 것들이 블록체인으로 인해 변화할 것이라 예상된다.

아직 다가오지 않은 미래의 일이라 할 수 있다. 이 말은 즉, 블록체인으로 인해 세상이 바뀌려면 시간이 더 필요하다는 말이고 우리가 지금 해당 분야를 학습하고 투자한다면 큰 부를 이룰 수 있을 것이라는 말이다. 항상 투자 기회는 '확실하지 않을 때'에 있는 법이고, 확실한 순간, 이미 다 현실이 된 순간에는 기회가 없다.

현재 블록체인 기술의 활용 분야에 대해서 살펴보자.

❶ '해외 송금' 분야에서의 블록체인 활용

금융 분야에서 지속적인 성장세를 이어가는 것 가운데 하나가 해외 송금 시장이다. 세계은행에 따르면 2015년 기준 세계 해외 송금 규모는 약 630조 원에 달한다. 지난 5년간 세 배 이상 성장한 수치이다. 해외 송금은 속도와 비용 절감 측면에서 블록체인의 활용도가 특히 높은 분야로 손꼽힌다. 특히 이 분야에서는 '리플' 코인의 성장을 기대할 수 있다. 한국에서 가장 인기가 많은 코인 중 하나인데, 최근 미국 증권거래위원회 SEC의 소송으로 이슈가 되고 있는 자산이다. 리플은 은행간 금융거래를 목적으로 개발된 만큼 빠른 거래 속도와 저렴한 수수료를 기본으로 하고 있다. 하지만 기존 암호화폐와는 다르게 채굴 시스템이 존재하지 않으며 고정 발행량을 통해 유동성을 리플사에서 조절한다는 특징을 가지고 있다.

❷ '물류·유통' 이커머스 기업들의 블록체인 활용

2018년 글로벌 시장 기준 소매 판매 유통시장은 전년 대비 3% 성장했다. 이 가운데 15.2%를 차지하고 있는 이커머스 시장은, 고속 성장으로 글로벌 소매 시장의 성장을 견인했다. 이커머스 기업들은 자체 플랫폼에서 부정 사용자를 걸러내기 위해 블록체인 기술을 활용하고 있다. 국내에서는 '디카르고' 코인이 물류 시스템 개선을 위해 만들어진 상황이다. 디카르고는 퍼블릭 블록체인 기반의 개방형 물류 네트워크 프로젝트이다. 기존에 단일 회사가 물류의 전 과정을 컨트롤함으로서 발생하던 배송 자원의 비효율적 배분을 개선하여, 보다 합리적인 비용으로 물류 서비스를 제공하는 것을 목표로 한다.

❸ 블록체인을 통한 정부서비스의 투명성 및 효율성 제고

네덜란드 정부는 개인정보 자체를 보유하지 않고 블록체인 기술을 활용해 공공서비스를 제공하고 있다. 네덜란드는 국적, 출생지, 나

이, 학력, 자격증 등 온갖 개인정보들을 암호화하여 블록체인에 저장하고 PC나 스마트폰 등 개인 소유의 디지털 장비에 보관한다. 정부는 각 개인이 보관하는 개인정보의 해시 값만 보유하여 제출된 정보가 위조되었는지 여부만 판별한다. 현재 국내에서도 블록체인을 활용한 서비스들이 많이 나오고 있는 상황이다.

블록체인의 활용 분야는 다양하지만, '투명한 공급망 구축'을 통한 신뢰성 확보와 거래비용의 감소라는 공통점을 가지고 있다. 기반기술로서의 블록체인의 잠재력이 매우 크다는 것을 의미한다.(출처 : "2020-1 블록체인편 해외 동향" KDI경제정보센터 레포트, 2020)

블록체인 혁명이 일어나면서 매우 많은 변화가 사회 전반에 일어날 것이다. 이것은 인터넷 혁명이 일어날 때 세상에 변화를 준 것과 흡사 비슷한 파급력이 될 것같다. 인터넷이 자리 잡기 전에 사람들은 인터넷에 대해 제대로 이해하지 못했다. 닷컴 버블 이전 미국의 토크쇼 방송에 나온 한 전문가에게 MC가 "인터넷이 무엇인가요? .com인가요?"라는 물음을 던지자, 전문가는 "인터넷이란 상호작용입니다"라고 대답을 한다.

현재 우리나라의 스마트폰 보급률은 90% 이상이지만, 스마트폰은 2000년대 후반 보급되어 유행하기 시작한 것은 2010년대 초반이었다. 인터넷도 처음 나왔을 때는 매우 생소하였지만 결국 이 세상을 바꾸었다. 우리는 언제 어디서나 SNS를 통해 미국의 대통령, 유명

기업인들과 소통할 수 있게 되었다. 이러한 사회적 변화를 2000년대에 상상하고 완벽하게 예상할 수 있던 사람이 과연 몇 명이나 있었을까? 대부분의 사람들은 상상도 못했을 것이다. 만약 블록체인 혁명이 10년 후, 인터넷이 세상을 바꾼 것처럼 모든 분야에 영향을 미칠 수 있다면 그리고 그게 방향성이라면 지금은 시작 단계이다.

최근 블록체인 실사용 사례는 지속적으로 늘어나고 있다. LG CNS는 임직원을 대상으로 운영해온 블록체인 기반 지역화폐 서비스 유통 범위를, 본사가 위치한 서울 마곡과 포항, 군산 등 전국 지자체 7곳으로 넓혔다. 이밖에도 LG CNS는 기업용 블록체인 플랫폼으로 만든 '모나체인'을 금융, 공공, 통신, 제조 등 전 산업 영역으로 확대하여, 기업들의 디지털 전환을 촉진한다는 목표를 추진 중에 있다. 또한 제주도청과 함께 전기차 폐 배터리에 대한 블록체인 이력 관리 시스템을 시범 적용하고 있다. 전기차 폐 배터리가 수거되어 검사, 분석, 포장의 과정을 거쳐 재활용되는 전 과정에 블록체인을 적용해, 폐 배터리 재사용에 대한 유통 신뢰를 확보하는 것이다.

부산시는 시민들이 쉽고 간편하게 사용할 수 있는 블록체인 통합 서비스인 'B PASS'를 출시한다. B PASS는 앞으로 부산시민카드, 가족사랑카드, 청사 방문증, 도서관 회원증 등 플라스틱 실물 카드를 대체하게 된다. 부산시는 분산신원증명(DID : Decentralized IDentifier) 연계 서비스도 추진한다. DID는 주민등록증과 운전면허증 등의 신분증을 대체하여 온라인 환경에서 사용자(정보 주체)가 직접 자신의 신원정보를 관리·통제하는 디지털 신원 관리 체계를 말한다. 비대면·데이터 경제 시대를 맞아 블록체인 실사용 사례로 주목받고 있는 기술 중에 하나이다.(출처 : "부산 블록체인 통합서비스 'B PASS' 출시" 국민일보, 2020)

세상은 블록체인을 사용하며 조금씩 변할 것이다. 지금은 시작점에 있다. 우리가 앞서 1차산업혁명에서부터 봐왔던 버블이 시작되는 시점이라는 것이다. 블록체인이 미래인 것은 맞지만 4차산업혁명 시대가 시작되는 해에 버블은 다시 한 번 더 온다. 버블이 오기 전에 탑승하여 역사적인 기회를 쟁취하는 것이 매우 중요한 시기일 수 있겠다. 그래서 저자는 이 책에서 어떻게 하면 이 기회를 잡을 수 있을 것인지에 대한 논의를 함께 해나갈 것이다. 우선적으로 비트코인이라는 자산이 가진 사이클에 대해 이해를 해야 한다. 그리고 그 전에 모든 자산에는 사이클이 존재함을 이해해야 한다.

# [2019년 9월 세력의 투자 일기]

알트코인이 아주 빠르게 가치가 떨어졌다. 이더리움이 45만 원 → 20만 원, 비트코인 캐쉬 62만 원 → 33만 원, 스텔라 192원 → 78원, 비트토렌트 2.22원 → 0.58원, 트론 49.4원 → 16.8원, 비트코인 1,684만 원 → 1,088만 원으로 나의 자산은 5분의 3이 되었다. 알트코인 비중이 대부분이었다.

요즘 조금 조급한 마음이 드는 것은 사실이다. 혹시라도 내가 틀린 것은 아닐까? 하는 공포가 올라온다. 하지만 이것은 감정의 영역이다. 내 이성은 여전히 비트코인 및 알트코인 투자는 인생에 다시 안 올 기회라고 외치고 있다. 지금의 불안감이나 조바심은 사실 역사에 몸을 맡긴 이에겐 우스운 일이다.

시대의 흐름과 지나온 역사를 보자. 비트코인의 가격 상승은 너무 당연하다. 내 온몸이 느끼고 있다. 세포가 안다. 급등하는 자산은 매수하지 않는다. 언제든지 급등한 자산은 그만큼 내려갈 수 있다. 모든 투자는 급등하기 전에 이루어져야 한다. 달리는 말에 탑승하는 것은 그렇게 좋은 아이디어는 아니다. 인내를 하자. 인내하는 것이 가장 좋은 전략이다. 아직 평정심을 잃지 않고 있다. 이런 상황을 아예 예상하지 못한 것은 아니다. 오히려 돈이 들어오면 더 투자할 생각을 하고 있다.

누군가 나를 보면 정상이라고 생각하진 않을 것이다. 다만 나는 이번에 다가오는 금융위기 혹은 블록체인 혁명은 암호화폐를 하나의 자산으로 자리 잡게 하는 기회라고 확신한다. 이 확신은 99% 정도의 확률이라고 본다. 1%의 실패는 받아들이기로 결정했다. 1%의 확률로 망하고, 99% 확률로 30배에 도전할 수 있는 시장이라면 누구나 달려들 것이다.

코인이라는 프레임을 지우고 나면 기회를 포착할 수 있다고 생각한다.

현재 투자자들의 심리 상태는 공포 이상이다. '공포에 사서 탐욕에 팔라'라는 말이 있다. 대부분의 사람들은 현재 공포 상태에 있다. 지금은 저렴한 가격임에 분명하다. 블록체인이라는 미래에 투자하자. 투자는 항상 스스로의 몫이고 책임 역시 본인에게 있다. 항상 신중해야 한다. 같은 것을 투자해도 누군가는 돈을 벌고 누군가는 잃는다. 기회인 것은 분명하지만 변동성이 심하기 때문에 반드시 잃는 사람도 생긴다.

# 제4장

# 비트코인이라는 자산의 사이클을 이해하라

# 사이클의
# 이해

　워렌 버핏이 메일함을 열면, 혹시 메일을 보냈는지 가장 먼저 살펴본다는 투자자 '하워드 막스'는 "투자에 있어 사이클에 대한 이해가 전부이거나 유일한 원칙이라고 말할 수는 없다. 다만 이것이 투자의 원칙 중 거의 가장 중요하다는 사실은 틀림없다"라는 말을 했다. 저자는 사이클에 대해서 매우 중요하게 생각하는 투자자 중 한 명이다. 그리고 비트코인의 경우 이 사이클에 대한 이해를 바탕으로 투자한다면 굉장히 마음 편하게 투자할 수 있게 된다.

　경제 예측을 가장 잘 한다는 '주기 전문가' 해리 덴트는 "빛과 어둠의 주기, 인간의 방종과 참회의 주기, 예술품에 나타나는 호황과 침체의 주기까지 다양한 분야에 주기가 있으며, 10억 년의 기후 주기, 태양 흑점 주기, 배란 주기, 수면 각성 주기 등 세상에 존재하는 많은 현상들에는 주기가 있다"고 말했다. 특히 이러한 주기는 경제 분야에서 뚜렷하게 나타난다. 어떤 경제학자는 세대 지출 주기를 통해 인구 출생 주기에 따른 경제 분석을 하는 등 주기에 묻혀 산다.

예를 들어 보자. 일반적으로 한국 사람들은 8세에 초등학교를 입학하고, 20세에 고등학교를 졸업한다. 25세가 되어서야 대학교를 졸업하고 27세가 되어서 일을 시작한다. 그리고 생애 첫 주택 구입을 30대에 하고 더 넓은 주택 구입은 40대에 한다. 자녀들은 부모가 40대 후반에서 50대 초반이 되면 집을 떠난다. 지출은 40대 후반일 때 가장 높으며, 가장 부유한 사람들은 50대 중반이다. 50대 중반에서부터 60대 초반까지는 지출이 급격하게 줄고, 저축이 늘어난다. 그리고 60대 초반 은퇴한 뒤 여생을 저축한 돈으로 살아가면서 점점 소비를 줄인다.

이런 패턴은 어림짐작이 아니라 과학적인 연구 결과이다. 이 연구 결과를 통해 보통 언제 어떤 시기에 가장 많은 소비와 수입이 있었는지 알 수 있게 된다.

헤리 덴트의 주기론에 대해 공부한 것은 몇 년 전쯤 이었다. 헤리 덴트는 자연이 주기를 통해 순환하듯이 경제 현상을 주기로 읽을 수 있다고 주장했다. 이 말에 100% 동의하는 것은 아니지만 일부 동의한다. 왜냐하면 이 주기론에서 파생된 여러 가지 이론들이 존재하며, 그 이론들은 완전히 무시할 수 없을 정도의 정확성을 지닌다. 주기란 단순히 '같은 시기에 같은 사건이 반복된다'는 느낌의 말과는 다르다.

이 사이클에 대해 제대로 이해하고 공감해보았으면 한다.

주기를 통해 해석할 수 있는 것은 단순한 소비 패턴 정도가 아니다. 달러, 금, 은, 원유 등 상승과 하락을 반복하는 것은 모두 사이클을 지니는데, 다들 떨어지지 않을 것이라고 생각하는 부동산에도 예외는 없다. 최근 많은 사람들이 시작한 주식투자 역시 이러한 부분들을 관찰할 수 있다.

다양한 분야의 주기를 알아보자.

❶ 부동산 주기

부동산 시장에서 많이 언급되는 사이클 중 하나가 '한센 주기설'이다. 한센 주기설은 1965년 미국 경제학자 한센이 발표한 이론이다. 한센은 19세기 후반부터 20세기 중반에 걸쳐 미국 부동산 가격변동을 연구했다. 그 결과 부동산 가격과 건설 경기 순환이 17~18년을 주기로 움직이는 것을 밝혀냈다. 한센 주기설에 따르면 부동산 시장은 특정 시점에서 최고점을 찍고 이 지점을 기준으로 약 4~5년간 하락세가 지속된다. 이후 나머지 기간은 조정과 상승을 반복한다.

미국의 부동산 시장을 한센 주기설에 비춰본다면 첫 번째 기준 시점은 1973년이다. 다음 사이클은 17년 후인 바로 1990년이다. 1990년 최고점을 경신한 후 하락세로 돌아선 미국 부동산 시장은 2007년 다시 한 번 최고조에 이른 후 2008년 금융위기로 폭락했다. 4~5년 뒤인 2012년 미국 부동산 시장은 바닥을 찍었다. 이후 미국 부동산 시장은 몇 년간 상승과 조정이 반복되고 있다.

2020년에는 코로나 팬데믹에도 불구하고 호황이 지속되었다는 점이 눈에 띈다. 최근 미국 주택 시장은 버블이 한창이던 2007년보다 더 활발한 움직임을 보이는 중이다. 전미부동산협회에 따르면 미국의 2020년 9월 주택 판매량은 14년 만에 최대치를 경신했다. 9월 주택 판매 건수는 654만 건으로 8월 대비 9.4% 증가한 것으로 나타났다. 전년 9월과 비교하면 무려 20.9% 증가했다. 캘리포니아 등에서, 비싼 도심을 떠난 노동자들이 근교의 고급 주택을 구매하려는 수요가 높아졌기 때문으로 분석된다.

한센 주기설은 한국에도 적용 가능하다. 미국과 마찬가지로 최고점인 1973년을 기준점으로 잡고 처음 4~5년은 약세, 이후 9~10년은 상승장으로 돌아서는 주기가 몇 차례 반복됐다. 1980년대 아파트 대중화가 본격화되면서 부동산 가격은 가파르게 상승했다. 1990년 정점을 찍은 후 1기 신도시 200만 호 공급으로 집값은 하향 조정됐다. 1991년부터 1994년까지 4년 동안 전국은 물론 서울 아파트 가격은 하락세로 돌아섰다. 1995년에는 상승기로 돌아섰지만 이후 한국에는 특수한 상황이 발생했다. 1997년 말 외환위기로 인해 1998년 일시적으로 가격이 약 15% 하락했다. 이때 하락한 부동산 가격은 1999년부터 2001년까지 3년 동안 회복했다. 2002년부터 부동산 가격이 치솟기 시작했다. 2004년에는 강력한 규제 영향으로 일시적인 조정 과정을 거쳤지만 2007~2008년까지 상승세가 지속됐다.

서울 아파트 가격이 하락세로 돌아선 것은 2009~2010년 무렵이다. 이는 새로운 한센 주기설의 시작이었다. 이후 4년 동안 침체기를 겪었던 서울 아파트 가격은 2014년 이후 2019년까지 6년 연속 상승세를 지속했다. 지금까지만 놓고 보면 한센 주기설은 큰 틀에서 어느 정도 들어맞았다고 볼 수 있다.

한센 주기설이 나름 설득력 있는 이유는 부동산이 갖고 있는 독특한 특성 때문이다. 다른 재화와 달리 부동산은 공급량 조절이 자유롭지 않다. 수요가 많아도 공급 계획을 세우고 집을 짓는 데 상당한 기간이 소요된다. 집을 짓는 데 시간이 오래 걸리고 이에 따라 공급량 조절이 어렵기 때문에 17~18년이라는 긴 시간을 주기로 호황과 불황이 반복되고 있다는 논리다. 한센 주기설에 비춰본다면 2025년은 또 다른 주기의 시작이 된다. 즉 2025년 전후로 약 4~5년 동안 국내 부동산 시장은 본격적인 하락세로 돌아설 수 있다는 분석이 나온다. 공교롭게도 이 시기는 수도권에만 30만 가구가 공급되는 3기 신도시 입주가 시작되는 시점이다.

**❷ 주가 주기**

주식시장에서 특히 중요한 비즈니스 사이클은 두 가지다. 하나는 '키친 사이클'이다. 이는 3~4년 단위로 반복되는 주기다. 다른 하나는 '주글라 사이클'이다. 이는 10년을 주기로 형성된다. 현실에서는 이 두 가지가 중첩되어 나타나는데, 이를 모사하여 주식시장도 그 모습이 결정된다.

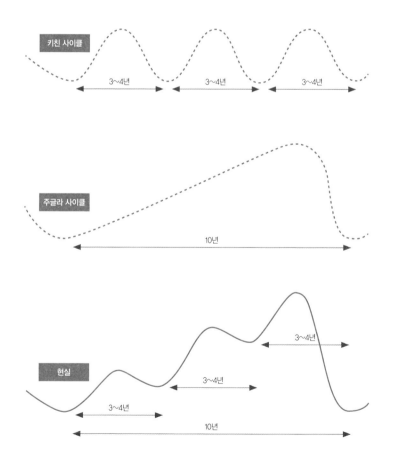

키친 사이클(Kitchin Cycle)은 1923년 영국의 조세프 키친(Joseph Kitchin)에 의하여 고안된 경기 사이클로 3년에서 4년 주기의 단기 파동이다. 재고 순환 사이클 또는 경기 소순환 사이클이라고도 불린다. 수요자와 공급자의 기대 불일치가 사이클을 일으키는 주요 원인이 된다.

아래 '소비량 증감과 키친 사이클'에서 확인해보면 ① 소비가 조금씩 회복되어가는 저점에서 공급자는 최소한의 생산활동을 진행하며 약간만 재고를 쌓게 된다.(사이클 반등) ② 상황이 나아져서 소비가 더욱 증가하면 공급자는 미래의 수요에 대응하기 위하여 더 많은 재고를 축적하게 되고 이를 통하여 생산활동은 왕성하게 일어난다.(사이클 상승) ③ 이때 소비 감소가 나타나면 공급자는 생산활동을 줄여야 할 뿐만 아니라 직전까지 축적해줬던 재고의 부담도 짊어져야 한다.(사이클 반락) ④ 이러한 경기의 부진은 공급자에게 남아 있는 재고가 소진될 때까지 진행된다.(사이클 하락)

[소비량 증감과 키친 사이클]

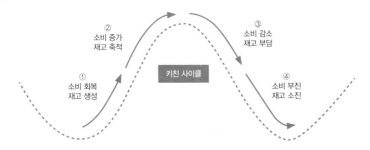

서른살, 비트코인으로 퇴사합니다

주글라 사이클(Juglar Cycle)은 1860년대 프랑스의 경제학자 클레멘트 주글라(Clement Juglar)가 고안한 것으로 10년 주기의 중기 파동을 반영한다. 민간투자 사이클이라고도 불리며, 공급자에 의하여 사이클이 주도된다는 특징이 있다.

아래 '투자 증감과 주글라 사이클'을 보면 ① 상황이 최악에 이르면 난국을 타개하기 위하여 공급 혁신이 나타난다.(사이클 반등) ② 이후 투자가 고용을 낳고, 고용이 임금 상승을 유발하며, 높아진 임금이 소비를 증가시켜, 늘어난 소비를 목도한 공급자가 다시금 투자를 확대하는 선순환 과정이 진행된다.(사이클 상승) ③ 다만 증가한 투자는 서서히 사회 전반의 비용 부담을 유발하고 공급자간의 경쟁을 격화시켜서 투자 유인을 약화시킨다.(사이클 반락) ④ 이후 투자는 중단되고 해당 산업에는 창조적 파괴가 이뤄진다.(사이클 하락)

**[투자 증감과 주글라 사이클]**

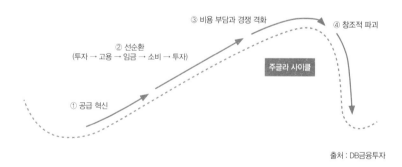

② 선순환
(투자 → 고용 → 임금 → 소비 → 투자)

③ 비용 부담과 경쟁 격화

④ 창조적 파괴

주글라 사이클

① 공급 혁신

출처 : DB금융투자

이처럼 주식시장은 규칙적인 변동 주기를 보이지만, 상승하는 기간과 하락하는 기간이 서로 다르고 그 변동의 폭도 서도 다르다. 과거 변동 주기를 살펴보면 하락 기간이 짧으면 하락률도 비교적 작았으며 하락 기간이 길면 하락률도 길었다. 마찬가지로 상승 기간이 길면 상승률은 비교적 컸으며 상승 기간이 짧으면 상승률도 비교적 작았다.

이처럼 변동 주기의 장단이 변동폭의 고저를 특징짓게 되는 이유는 주식 수요의 독특한 특징 때문이다. 우선, 주식에 대한 수요는 소득의 축적으로 이뤄진다. 그리고 소득의 축적은 성장률이 높을 때에 더 많이 이뤄진다. 따라서 경기가 호조를 보이는 기간이 길면 주식가격의 상승 폭도 크며, 경기가 호조를 보이는 기간이 짧으면 주식가격의 상승 폭도 제한을 받았던 것이다. 주식시장의 강세가 오래 지속되고 상승 폭이 커지면, 수요의 변화도 더 많이 이뤄지곤 했다. 그 후 수요의 상승이 멈추면 주식시장은 약세로 돌아서곤 했고 이에 따라 하락 기간은 길어졌고 하락의 폭도 커졌다.

위의 부동산과 주식 사이클 사례를 무시하는 투자자들도 많다. 초장기적 관점에서는 무시해도 괜찮다고 저자 역시 생각한다. 하지만 대부분의 투자자들은 평범하다. 저자 역시 평범하다. 워렌 버핏이나 하워드 막스처럼 2년, 3년을 '수면제 매매' 하듯이 암호자산을 팔지 않고 가만히 가지고 있는다는 것은 매우 쉽지 않은 일이다. 이것에 성공할 수 있다면 그 사람은 이미 특별한 사람이다.

사이클에 대해 정확히 이해하고 이것을 비트코인에 적용시킬 수 있다면 강력한 무기가 된다. 저자 세력은 비트코인과 알트코인 사이클에 대해 연구했고, 이것이 유튜브 세력 채널에서 다루고 있는 주된 컨텐츠이다.

이 사이클이란 것에 대해 분명하게 이해한다면 비트코인의 4년 주기에 대해서도 이해할 수 있고 받아들일 수 있게 된다. 비트코인이라는 자산은 4년에 한 번 오는 '반감기'라는 이벤트를 기점으로 사이클이 형성된다.

# 비트코인 사이클의
# 이해

    **비트코인은 4년에 한 번씩 있는 반감기라는 사건을 기준으로 상승과 하락의 사이클을 갖는다.** 아마 반감기가 무엇인지 모르는 독자들도 많을 것이다. 비트코인을 얻기 위해서는 거래소에서 비트코인을 매수하는 방법과 비트코인을 채굴하는 방법이 있다. 비트코인 채굴을 위해 채굴기를 돌리는데, 반감기는 그 채굴량이 반으로 줄어드는 시기이다. 예를 들어 10개가 채굴되다가, 갑자기 채굴되는 양이 5개로 줄어드는 것이다.

    비트코인은 지금까지 2012년 11월 28일, 2016년 7월 9일, 2020년 5월 12일 총 3번의 반감기를 맞이했다. 반감기를 거치면서 2009년 1블록(채굴 단위)당 50비트코인(하루 생산량 7,200비트코인)이었던 보상은 2012년 25비트코인(하루 생산량 3,600비트코인), 2016년에는 12.5비트코인(하루 생산량 1,800비트코인), 2020년에는 6.25비트코인(하루

생산량 900비트코인)으로 줄었다. 다음 반감기는 2024년 2월 26일로 예상되고 있는 상황이다.

비트코인이라는 자산이 가치가 있다고 생각하는 사람들은 점점 늘어나고 있다. 이 책을 읽는 독자님은 2019년에 비트코인에 대해 관심이 있었는지 묻고 싶다. 2019년 당시 비트코인은 사회 통념상 '사기'로 분류되었다. 비트코인 투자를 하면 마치 이상한 사람처럼 취급되었다. 그래서 어디 가서 비트코인에 투자하고 있다고 말조차 꺼낼 수 없는 상황이었다. 그런데 그들이 지금은 비트코인에 대해서 관심을 가지고 공부를 해보려하고 있다. 저자 역시 마찬가지이다. 2018년까지 비트코인에 대해서 관심이 하나도 없었다. 아니 정확히 표현하면 알고 싶지도 않았고, 비트코인에 대해 이해하려고 노력하는 사람들을 신흥 사이비종교 집단처럼 여겼다. 굳이 고개를 돌려서 보고 싶지도 않았던 것이다. 그런데 저자는 2021년이 되어 비트코인 투자와 관련된 책을 출판하고 있고, 독자님은 비트코인에 대해 관심이 생겨서 이 책을 읽고 있다.

최근에는 비트코인과 관련된 금융상품들이 생겨나면서 전 세계적으로 비트코인에 대한 관심이 더 많아질 것으로 예상되고 있다. 그런데 이러한 세상의 변화와는 달리 비트코인이 채굴되어 시장에 풀리는 양은 점점 줄어들고 있다. 세상에 공급되는 양이 점점 줄어든다. 그럼 비트코인의 가격은 어떻게 될까? 지금 비트코인 가격이 오르는 이유는 수요는 늘어나는데 공급은 줄어들고 있기 때문이다. 이것이 가장 명확한 이유이다. 비트코인은 총 2,100만 개로 한정 수량으로 정해져 있다. 비트코인을 가지려는 사람들이 아무리 많아져도, 전 세계 사람들 중 일부가 2,100만 개 모두를 가지고 있다면, 이 비트코인은 더 이상 아무도 소유할 수 없는 것이다.

**[비트코인 2012~2021년 차트]**

비트코인 채굴 반감기는 2012년, 2016년, 2020년 존재했다. 약 4년에 한 번씩 오는 반감기를 통해 비트코인 채굴량은 지속적으로 줄어왔다. 즉 이 책이 출판된 시점의 1년 전에 반감기가 왔었다는 것이다. 보통 반감기가 오고 다음해에 비트코인이 고점을 갱신했다. 지금은 비트코인 상승 역사와 매우 흡사한 상황이다.

위 차트를 보면 색깔 선으로 반감기를 표시했다. 반감기가 지날 때마다 가파르게 비트코인 가격이 상승하는 것을 볼 수 있다. 비트코인의 가격은 왜 반감기가 지날 때마다 올랐을까? 그럼 과연 앞으로는 어떻게 될까?라는 의문이 들 수 있다. 만약 패턴대로 된다면 4년에 한 번씩 투자하면 되는 건가? 적어도 이 질문에 대해서는 '지금은 알 수 없다'라고 답변할 수 있다. 왜냐하면 현재 비트코인이 채굴되는 양이 현저히 작아진 상태이기 때문에 그 영향이 갈수록 미비해질 것이라고 판단되기 때문이다. 비트코인은 전체 발행 개수가 2,100만 개로 정해져 있고, 2140년엔 발행 과정(채굴)도 끝난다. 현재 시장에는 1,860만 개가 채굴돼 유통되는 중이다. 앞으로 시장에 공급되는 비트코인은 240만 개다. 4년마다 도래하는 비트코인 반감기는 2140년에 모두 끝나게 된다. 그 이후에는 비트코인을 채굴할 수 없다.

이 말은 비트코인 반감기 사이클의 영향력은 점점 줄어들 수 있다는 것이다. 다만 채굴량이 줄어드는 만큼 비트코인이라는 자산의 가치는 올라갈 것으로 기대된다. 때문에 다음 사이클에서도 4년 주기론에 입각한 투자 방법이 통할 가능성이 없진 않다.

하락 사이클이 진행될 때는 매수 타이밍이 되는 것이고, 상승 사이클이 진행될 때는 매도 타이밍이 되는 것이다. 하락 사이클에 분할 매수로 물량을 확보하고, 상승 사이클에서 분할 매도로 충분한 이익을 챙긴다. 저자는 이 방법을 주된 투자 방법으로 삼았고 지금도 가장 유의미한 분석이라 생각한다.

# 사이클 진행 시점을
# 아는 법

비트코인은 기본적으로 4년 사이클을 지닌다는 것을 살펴보았다. 비트코인 사이클에 대해 이해를 했다면 이 사이클을 어떻게 이용할지에 대해 고민해야 한다. 비트코인을 언제 매수해야 할까?

투자자 하워드 막스는 "내가 수년간 알고 지낸 훌륭한 투자자들은 사이클이 일반적으로 어떻게 움직이며, 우리가 현재 사이클에서 어디쯤 있는지에 대한 탁월한 감각을 지녔다. 그들은 이런 감각을 가진 덕분에 향후 전개될 일에 대비해 포트폴리오를 잘 포지셔닝 할 수 있었다"라고 하였다.

저자 역시 비트코인 사이클에 대한 정확한 이해를 통해 투자를 결정했다. 그리고 유의미한 결과를 만드는 데 큰 도움을 받았다. 하워드 막스가 설명했던 내용들을 한번 천천히 살펴보도록 하겠다. 실제로 유튜브 세력 채널에서도 자주 언급하는 내용이니 참고하길 바란다.

① 보통의 투자자는 사이클의 본성과 중요성을 충분히 이해하지 않았다.

② 보통의 투자자는 여러 사이클을 겪어볼 만큼 충분히 오래 투자하지 않았다.

③ 보통의 투자자는 금융사를 읽지 않아서 과거의 사이클에서 가르침을 얻지 못했다.

④ 보통의 투자자는 반복되는 패턴과 그 이면의 이유에 주목하기보다는 주로 개별 사건의 측면에서 투자 환경을 본다.

⑤ 보통의 투자자는 사이클의 중요성과, 사이클에 따른 행동지침이 어떤 가르침을 줄 수 있는지 이해하지 않는다.

⑥ 현재 상승 국면이 초입인가, 막바지인가?

⑦ 특정한 사이클이 한동안 상승해온 경우, 현재 위험한 국면인가?

⑧ 투자자들의 행동이 욕심이나 두려움에 의한 것인가?

⑨ 투자자들은 적절하게 위험을 회피하고 있는가, 아니면 무모하게 위험을 감수하고 있는가?

⑩ 사이클에 따라 일어난 일 때문에 시장이 과열되었는가, 냉각되었는가?

⑪ 모두 고려했을 때, 사이클에서 현재 내 포지션은 방어에 중심을 두어야 하는가, 공격에 중심을 두어야 하는가?

　뛰어난 투자자는 이러한 요소들에 주의를 기울여 더 자주 이길 수 있는 우위를 얻게 된다. 그럼 우리는 비트코인 투자자로서 하워드 막스의 말을 하나하나 이렇게 뜯어서 볼 수 있다.

**❶ 보통의 투자자는 사이클의 본성과 중요성을 충분히 이해하지 않았다**

사이클이 투자에서 얼마나 중요한 것인지, 사이클이 왜 생기는지에 대해서 충분히 이해해야 하고 그 본성과 중요성에 대해서 이해해야만 한다. 사이클이 존재한다는 것 자체에 대해 부정하는 이들이 많다. 사이클을 마치 근거 없는 미신 혹은 비이성이라고 생각하는 사람들도 많다. 하지만 자산의 사이클은 분명 존재하며 그 사이클을 투자에서 무시하는 것은 좋은 결과를 내기 위한 가장 좋은 참고사항을 무시하는 것과 같다.

**❷ 보통의 투자자는 여러 사이클을 겪어볼 만큼 충분히 오래 투자하지 않았다**

투자 경험과 사이클에 대한 연구를 하지 않은 투자자가 대부분이기 때문에, 더더욱 사이클에 대해서 이해하기 어렵다. 저자 역시 충분한 시간을 연구했다고 말할 수는 없기에 오랜 사이클을 겪어온 투자자들의 저서와 과거 사이클이 발생했을 때마다 어떤 시장 상황이 반복되었는지 역사를 통해 배움을 얻는다. 자산 가격의 상승과 하락을 만들어내는 크고 작은 별개의 사건들이 있지만, 거시적 관점으로 보면 그 개별적인 사건들은 자산 가격의 역사 속에서 비슷한 역할을 한다.

**❸ 보통의 투자자는 금융사를 읽지 않아서 과거의 사이클에서 가르침을 얻지 못했다**

좋은 결과를 내는 투자자가 되기 위해서는 해당 자산뿐만 아니라, 해당 자산을 비롯한 금융사 전반의 사이클에 대해서 살펴보아야 한다. 그렇지 않으면 사이클이 얼마나 큰 가르침을 주는지 이해할 수 없다. 과거 금, 은, 원유, 달러, 경제 등이 사이클 안에서 어떻게 진행되었는지를 보면 당시 있었던 사건과 현재의 사건을 연결지어 생각해볼 수 있다.

❹ 보통의 투자자는 반복되는 패턴과 그 이면의 이유에 주목하기보다는 주로 개별 사건의 측면에서 투자 환경을 본다

패턴의 반복됨을 인지하고, 그 패턴이 지속되는 이유가 무엇인지 본질을 따져봐야 한다. 예를 들어 전 사이클에서 A 사건이 일어났고 이후 사이클에서 B 사건이 일어났다면 A와 B는 다른 사건이지만, 자산의 상승과 하락이 어떤 사이클 안에서 움직인다는 가정 하에 A와 B는 '비슷한' 영향을 주는 사건이다.

❺ 보통의 투자자는 사이클의 중요성과, 사이클에 따른 행동지침이 어떤 가르침을 줄 수 있는지 이해하지 않는다

보통의 투자자는 사이클이 어떤 규칙과 특징을 가지고 있는지 생각하지 않는다. 그렇기에 그 사이클이 주는 행동지침에 대해 실천하지 못하는 경우가 많다. 사이클에서 주는 가르침은 하락 사이클에서의 매수, 상승 사이클에서 매도이지만 대부분의 투자자들은 상승 사이클에 시장에 들어와 투자를 시작한다. 이러한 행동은 투자 결과에 많은 영향을 준다. 만약 투자에서 사이클이 얼마나 중요한지 이해한다면 '자주 이기는' 투자를 할 수 있게 된다.

**⑥ 현재 상승 국면이 초입인가, 막바지인가?**

비트코인은 현재 상승이 시작된 순간인가? 아니면 상승의 막바지인 버블의 순간인가? 상승의 막바지엔 왜 버블이 끼는 것일까? 이것에 대해 이해를 하기 위해서는 '버블'이 어떻게 형성되고, 막바지에는 왜 버블이 생길 수밖에 없는지에 대해 정확히 이해해야만 한다. 하나 명심해야 하는 것은 일반적인 투자자들은 상승 국면의 막바지에 버블이 끼더라도, 앞으로 더 상승할 것이라는 믿음을 가진다는 것이다.

**⑦ 특정한 사이클이 한동안 상승해온 경우, 현재 위험한 국면인가?**

비트코인이 꽤 상승한 것 같은데, 지금이 상승이 끝나는 국면일까? 하락은 언제 오는 것일까? 나의 투자 스타일은 무엇이고 그 투자 스타일 안에서 현재 투자했을 때 위험 요인은 무엇일까? 앞으로도 얼마나 상승할 수 있는지, 상승 여력을 충분히 검토할 수 있어야 한다. 만약 상승 사이클 국면이 한참이나 오래되었고, 많은 사람들이 환희에 차 있다면 검토해보아야 한다. 해당 자산 사이클의 종료까지 얼마나 남았는지, 그리고 사회 전반이 느끼는 확신 정도와 환희가 어느 정도인지를 봐야 한다.

**⑧ 투자자들의 행동이 욕심이나 두려움에 의한 것인가?**

투자자들의 매수 선택 혹은 매도 선택은 욕심이나 두려움과 같은 감정에 치우친 선택인가? 좋은 투자를 망치는 빈번한 이유는 인간의 비이성, 감정적 영역 때문이다. 투자는 머리를 차갑게 해야 좋은 선택을 지속할 수 있다. 대부분 과한 욕심이나 두려움으로 인해 팔지 말아야 할 때 팔아버리고, 사지 말아야 할 때 산다. 매수와 매도 버튼을 눌렀던 순간들을 점검해보면서, 그 매수와 매도 버튼을 누른 이유 안에 '비이성적인 부분' 즉 두려움이나 공포 혹은 환희가 없었는지를 살펴보라. 감정을 빼고 매수와 매도를 진행했다고 하면 그것은 결과를 떠나서 성공적인 매수와 매도이다. 이러한 부분에 대해 인지한다면 투자 실력을 크게 늘릴 수 있다.

❾ 투자자들은 적절하게 위험을 회피하고 있는가, 아니면 무모하게 위험을 감수하고 있는가?

사람은 주변 사람들의 견해에 동조되고 휩쓸리는 경우가 많다. 주변 투자자들이 위험을 회피하지 않고, 완전하게 무모한 투자를 진행하고 있다면 본인도 그렇게 진행하고 있을 수도 있다. 매수와 매도의 균형이 이루어지고 있는지를 살펴보라. 한 쪽으로 매수와 매도가 과하게 쏠리고 있지는 않은가? 큰 장기 사이클 안에서 단기 사이클은 과매수(많이 사려는 시기) 구간과 과매도(많이 팔려는 시기) 구간을 반복한다. 이러한 구간 안에서 많은 투자자들이 매수와 매도를 비이성적으로 선택하는 경우가 많다. 그리고 그 매수, 매도 결정은 최종적으로 투자 수익률을 낮추는 경우가 많다.

❿ 사이클에 따라 일어난 일 때문에 시장이 과열되었는가, 냉각되었는가?

과매수 구간은 시장이 과열되었다고 표현할 수 있고, 과매도 구간은 시장이 냉각되었다고 표현할 수 있다. 이러한 구간을 판단하기 위해서는 장기 사이클을 우선 살피고, 중단기 사이클이 어떻게 진행되고 있는지를 살펴보아야 한다. 우리는 과거 역사로부터 사이클의 마지막은 버블이라는 교훈을 얻었다. 버블이라고 말하려면 어느 정도가 되어야 할까? 과거 역사에서 어떤 자산의 가격이 최고점일 때의 사회 전반의 분위기를 살펴보라. 그러한 폭락 직전의 사회 분위기가 바로 버블이자 고점일 때의 분위기인 것이다. 2017년 12월쯤 비트코인에 대한 이야기로 시끄러웠다. 비트코인을 투자하지 않으면 바보인 것마냥, 정말 많은 사람들이 비트코인 투자를 시작했고 거품 속에서 빠져나오지 못하고 이익을 취하지 못했다. 투자자로 참여할 때는 이 거품을 보지 못할 가능성이 높기 때문에 거품인지 아닌지에 대한 고민은 끊임없이 반복해야 한다.

**⓫ 모두 고려했을 때, 사이클에서 현재 내 포지션은 방어에 중심을 두어야 하는가, 공격에 중심을 두어야 하는가?**

하락 사이클에서는 공격적으로 포지션을 잡아야 하는 것이 당연하고, 상승 사이클에서는 방어적으로 포지션을 잡아야 하는 것이 당연하다. 그런데 대부분의 투자자들은 방어 포지션을 두어야 할 때 투자를 시작하는 경우가 많다. 암호자산으로 예를 들면 2017년 말 이전에는 비트코인이 무엇인지도 모르다가, 비트코인에 대해 우연히 알게 되어서 뒤늦게 투자를 시작하는 사람들이 있었다. 비트코인을 처음 알고 소액으로 투자하다가, 뒤늦게 사이클이 끝나가면서 거품이 끼기 시작할 때 더 많은 돈을 넣어서 이익 본 만큼도 못 회수하고 나오는 사람들이 이런 부류이다.

하지만 사람이라면 누구나 버블이 끼는 상황에서 제정신으로 버티기가 힘들다. 때문에 버블이 오기 전부터 마음의 준비가 필요한 것이다. 철저한 준비를 통해 감정적인 판단이 아닌, 이성적인 판단으로 현재 비트코인이라는 자산은 하락할 것인가 상승할 것인가를 판단하고 자신의 포지션을 정해야 한다. 아직 사이클이 끝나려면 멀었다고 판단되면 공격 포지션을 잡아야 할 것이고 사이클이 곧 끝난다고 판단이 된다면 방어 포지션을 잡아야 할 것이다.

비트코인의 역사를 살펴보면 비트코인은 지속적으로 더 널리 세상에 알려져왔고, 그에 따라 수요는 증가해왔다. 독자님이 지금 이 책을 읽고 있는 것을 보면 충분히 이해할 수 있을 것이다. 2017년에 독자님은 분명 비트코인을 사기라고 생각했다. 혹은 투기라고 생각했다. 그럼에도 지금 이 책을 들었다는 것은 비트코인 투자가 돈이 될 수 있다는 생각을 가지게 됐기 때문이다. 비트코인에 대한 세상의 관심이 늘어난다는 것의 증거는 바로 독자님이라고 할 수 있겠다. 지금 이 책을 쓰는 저자 역시 마찬가지이다.

나도 불과 2년 전만해도 비트코인은 살짝 이상한 사람들이 투자하는 것 정도로 여겼다. 그리고 이걸 투자하는 사람들은 도박을 좋아할 것만 같은 이미지가 들었다. 그런데 지금 책을 집필하고 있다. 독자님과 내가 바로 비트코인 수요 증가의 인간 지표이다. 재미있는 것은 독자님과 나뿐만 아니라 많은 사람들이 그렇게 비트코인을 알아가고, 가지고 싶어한다는 것이다. 근데 반감기 이후에는 비트코인 공급이 반으로 줄면서 그 수요를 못 따라가는 상황이 발생해왔다. 그래서 결국 비트코인의 가격은 폭등하게 되고 거품이 끼게 된다.

그 거품이 낀 순간이 바로 2017년도 말 비트코인이 하루에도 30% 이상씩 상승하던 그 시절이다. 우리는 그때의 기억이 너무 강렬하여 비트코인의 역사와 그 대단함에 대해서는 인지하지 못하고 있다. 하지만 비트코인 가격이 거품이었던 시절은 정말 한 순간이다. 2017년에 고점 2만 달러의 가격을 형성하여 2018년에 3,000달러까지 떨어졌지만, 이 가격도 2017년도 3월에 비하면 굉장히 높은 가격이다.

2017년 7월 비트코인 3,000달러, 2019년 3월 비트코인 3,000달러(색깔 선 지점)

즉 2017년도 7월에 투자를 했어도 비트코인 투자는 이제까지 하루도 빠짐없이 이익이었다는 것이다. 비트코인이라는 자산을 2017년도 8월부터 2018년도 1월까지 총 5개월간 투자한 사람만 하락을 겪었는데, 그마저도 현재는 2017년 고점이었던 2만 달러를 훨씬 웃도는 4만 달러 이상이 되었기 때문에 비트코인 투자자 중 수익 구간이 아닌 사람은 아무도 없는 것이다. 한 매체에 의하면 비트코인 장기 투자자 99.9%는 전부 수익구간이라는 말을 한다. 실제로 그렇다. 전

고점을 터치했으니 비트코인을 장기 보유한 사람치고 돈을 잃은 사람은 한 명도 없다.

역사적으로 늘 그래왔다는 것이 더 재미있는 점이다. 2012년 반감기 이후 고점 형성을 하였고 2016년도 반감기 이후 고점 형성. 2020년도 반감기 이후 지금 고점을 향해 달려가고 있다. 과연 이번 고점은 얼마에 형성이 될까? 알 수 없다. 그렇지만 이번에도 역시 고점을 향해 달려갈 것이고 반감기 사이클 이론에 따라 흘러가고 있다는 점이다. 그리고 저자는 이번에도 4년 사이클에 맞게 가격 흐름이 나와 있다고 보고 있는 상황이다.

정부에서 세금을 부과한다든가, 여러 가지 이슈들이 있지만, 비트코인이 사라진다고 생각했다면 세금을 왜 부과할까? 정부는 이미 알고 있다. 비트코인이란 자산이 얼마나 오랜 기간 존속해 우리 전통 금융과 공존해 나갈 것인지에 대해서 말이다.

# [세력의 투자 일기 - 대출 투자에 대한 생각]

누군가에게 '3년의 시간을 한 달 월급으로 사겠냐'는 제안을 받으면 어떻게 할 것인가? 나라면 나의 한 달 월급을 지불하고 3년의 시간을 살 것이다. 나에게는 대출이라는 수단이 나의 3년, 아니 4~5년을 앞당길 수 있는 강력한 마법이었다.

대기업 신입사원이 1년에 3,000만 원을 모으면 아주 잘 모은 것이라고 한다. 즉 1억이라는 돈을 모으기 위해 3년이라는 시간이 걸렸다면 아주 잘 모은 것이고, 4~5년 정도 걸리는 것이 보통이라는 이야기이다. 물론 중간중간 다른 일을 통해 더 빠른 속도로 돈을 모으는 특출한 사람들도 있을 수 있다. 하지만 나는 특출난 사람이 아니다. 평범한 사람일 뿐이다.

빚을 내서 투자를 하면 '정신 나간 사람' 취급을 받는다. 물론 경제 성장기에 은행 금리가 높았을 때 대출을 받았던 대출 투자자들은 이자를 감당하기에 버거웠고, 파산으로 이어지는 사례가 많았다. 당시 대출 투자로 많은 사람들이 망했기 때문에 우리 사회에는 대출 투자에 대한 부정적 인식이 사회 통념으로 깔려 있다. 하지만 사회 통념이란 항상 느리게 바뀌고 실제 결과가 사람들 인식 속으로 스며들기까지는 많은 시간이 걸린다. 현재 사람들이 가지고 있는 대출 투자에 대한 인식은 과거의 결과물이다. 과연 오늘날 대출 투자를 한 것 또한 미래 세대가 부정적으로 볼 것인가? 이에 대해서는 시간이 지나서야 확인할 수 있을 것이다.

지금 나는 1억 원이라는 돈을 은행에서 대출받으면 3% 이하의 금리를 적용받을 수 있다. 이 말은 1년에 300만 원 이하의 대출 이자를 지불하면 1억이라는 돈을 내 마음대로 사용할 수 있게 된다는 것이다. 누군가는 막연하게 이런 나를 보고 '대출 투자는 위험하지 않느냐'고도 말한다. 물론 대출 투자는 위험할 수 있다. 다만 대출 투자가 왜 위험한지에 대해 따져보아야 한다. 사람들은 마치 오랜 기간 모은 1억 원으로 투자했을 때는 안전한 투자, 돈을 벌 수 있는 투자인 것처럼 말하고, 대출을 받은 1억 원으로 투자하는 것은 위험한 투자, 잃을 확률이 높은 투자처럼 이야기한다.

대출 투자에 대해 부정적인 사람들의 대표적인 주장은 대출 투자는 마음을 조급하게 만들고 투자에서 중요한 비이성적인 부분을 강화시킨다는 점이다. 투자에서 가장 걸림돌이 되는 것은 감정이 이성을 지배하게 되는 상황이다. 가격이 하락하면 두려움이란 감정이 이성을 죽이고 가격이 상승하면 환희라는 감정이 이성을 죽인다. 그런데 대출 투자를 받았을 경우에는 이 비이성적인 부분이 더욱 확대되는 것이다. 그들의 말대로 대출 투자는 분명 투자 성공 확률을 낮추는 것이 분명하다. 그렇지 않아도 억제하기 힘든 감정을 더욱 자극하기 때문이다.

이 주장은 그럴듯해 보이지만 다르게 생각해볼 부분이 있다. 대출해서 투자하는 돈은 잃으면 절대 안 되는 돈, 부담스러운 돈이라면 4~5년 동안 모은 돈은 부담스럽지 않은, 가벼운 돈인가? 나는 시장에 참여하며 많은 사람들이 본인이 모은 소중한 돈을 큰 고민 없이, 공부가 충분히 되지 않은 코인에 투자하는 것을 목격했다. 그 돈에 부담을 느끼지 않는다고 이성적인 투자를 하는 것이 절대 아니다. 만약 그들이 대출한 돈이 아닌 '열심히 근로하여 번 돈'이기 때문에 고민을 덜 하고 투자하는 것이라면, 오히려 대출을 시켜서 공부를 더 하고 투자하게끔 만드는 것이 맞는 방향일지도 모르겠다. 대출 투자라는 것에 대한 사회의 막연한 부정적 통념이 사람들의 인식을 몰고 가는 것이다. 대출 투자금으로 투자했기 때문에 발생했다고 생각되는 문제들은 자기 자산으로 투자해도 여전히 남아 있게 마련이다.

사람들은 자본주의에서는 돈이 돈을 버는 것이라 얘기한다. 그렇다면, 저금리 시대에 현금을 대출해서 쓰는 것보다 더 좋은 방법이 있을까? 1억 원이라는 목돈을 아주 저렴한 이자에 빌려준다. 나의 시간을 타인보다 빠르게 만들어줄 좋은 수단으로 보인다.

대출 투자를 해서 실패했을 때를 많이들 생각한다. 만약 0이 된다면 열심히 일해서 갚아야 할 뿐이다. 만약 1억 원을 한꺼번에 날릴 정도로 투자했다면 그건 투자처 선택을 잘못한 것이지, 대출이라는 결정을 잘못한 것이 아니다. 5년간 모은 1억 원을 날리는 것도 마음이 힘들고, 빚을 내서 날린 후 갚아나가는 것도 마음이 힘들다. 전자와 후자의 차이는 월급 한 달 치의 이자를 덜 갚고 더 갚고의 차이인데, 결과만 놓고 보면 큰 차이는 없다. 즉 좋은 곳에 투자를 하지 못한 것이 문제의 본질이지 대출 투자가 문제의 본질이 아닌 것이다.

부동산에는 빚내면서 투자하는 것을 매우 당연하게 받아들이고 오히려 박수까지 치는 시대에 왜 암호자산에 빚내서 투자하는 것은 미친 사람 취급하는 것인가? 아파트엔 긍정적이지만 암호자산에는 부정적인 현 상황은 편견에 치우친 사회 통념이다. 금과 비트코인의 상관관계가 60%에 육박했고, 최근 10년간 비슷한 패턴을 보여왔다. 비트코인의 금융권 진입은 현실로 다가왔다. 이런 상황에서 현재까지의 비트코인 발전 속도를 향후 2년간 따라잡지 못한다는 건 내 상식으로는 말이 안 된다. 2019년 4월 지금, 내 인생 풀 베팅의 기회다.

오늘 직장인 앱 블라인드에서 이런 글을 봤다.

"여러분은 과거로 돌아가면 어떤 일을 하고 싶으세요? 후회 안하세요?"

이런 댓글이 눈에 띄었다.

"과거로 돌아가면 마통(마이너스 통장) 전부 뚫고 비트코인 살 겁니다"

그래 맞다. 그 시기가 바로 지금이다. 그래서 나는 지금 이 시점에 모든 대출 여력을 동원해서 비트코인을 매수한다.

제**5**장

리스크에 대해
정확하게
파악하라

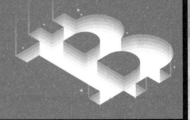

# 하이 리스크
# 하이 리턴의 진위

비트코인은 하이 리스크 하이 리턴이라는 말을 많이 하지만, 저자는 그 말에 동의하지 않는다. 우선 여기서 말하는 리스크의 의미가 너무 광범위하고 이 말을 사용하는 사람마다 느끼는 정도와 범위가 다르다. 대부분 리스크라는 말을 너무 쉽게 사용하는 경향이 있다. 리스크에 대해 말하기 위해서는 리스크가 무엇인지에 대해 서로 합의가되어있어야 한다.

하워드 막스는 "투자의 세계에서는 늘 리스크에 대해 이야기하지만 리스크가 무엇인지, 그것이 투자자의 행동에 어떤 의미를 가져오는지 그에 대한 보편적인 동의는 없다. 어떤 이들은 리스크가 자산가격 또는 수익의 변동성이라고 생각한다"라고 하였다.

만약 리스크라는 말의 정의를 '영구적 손실의 가능성'이라고 한다면, 비트코인이 리스크가 큰 투자인지에 대해선 의문을 제기해봐야한다. 비트코인에 투자한 사람은 장기적으로 들고 있었다면 한 명도 빠짐없이 돈을 벌었는데 과연 어떤 리스크가 있었을까?

비트코인 투자는 대부분 하이 리스크라고 생각하는 경향이 있다. 비트코인은 왜 위험하다고 평가되는 것일까? 시간이 된다면 스스로 답해보았으면 한다. 변동성이 커서인가? 변동성이 큰 건 지금의 주식시장도 마찬가지이다. 오히려 비트코인보다 주식시장이 더욱 변동성이 큰 시점도 많았다. 그러나 대부분의 사람들은 주식시장이 비트코인보다 더 안전하다고 생각한다.

'하이 리스크 하이 리턴'를 직역하면 '리스크가 큰 것이 기대 수익이 크다' 정도의 의미이다. 결과론적 관점에서, 정말 리스크가 있는 자산에 투자해서 큰 수익을 얻은 것인가? 리스크가 커서 큰 수익이 난 것이 아니다. 과거 리스크가 있는 종목을 매수하여 큰 이익을 낸 투자자가 있다면 그 투자자는 리스크가 있어서 매수를 한 것이 아니라, 리스크에도 불구하고 그 타이밍이 매수 기회라는 것을 정확히 인지했기 때문에 큰 수익을 얻은 것이다.

이 말의 정확한 의미를 살펴보면 '지금 큰 위험이 있기 때문에 투자해서 수익을 내야겠다'의 발상이 아니라, '지금은 위기가 아닌, 기회이기 때문에 투자해서 수익을 내야겠다'라는 발상으로 접근하여 큰 수익을 얻었다는 것이다. **즉 다른 사람이 이 결정에 대해 리스크가 큰**

결정이라고 평가할 수는 있지만, 투자를 결정한 사람의 이성에는 그 투자가 리스크보다 기회로 다가온 것이다. 그리고 그 결과가 수익으로 나온 것이다.

이 부분에서 하고 싶은 말은 '리스크'라는 건 절대적으로 정해져 있는 요소가 아니라는 것이다. 사람마다 리스크를 느끼는 정도가 너무 다르기 때문에 리스크 평가를 함께 진행한다는 것 자체가 말이 안 된다. 투자자의 입장에서는 리스크가 크기 때문에 큰 수익을 얻은 것이 아니라 기회에 투자했기 때문에 큰 수익을 얻은 것이고, 그 투자자를 제외한 '많은 사람들'에게는 그것이 위험하다고 인식되는 투자였기 때문에 '하이 리스크 하이 리턴'이라는 행위로 치부된 것이다.

재미있는 것은 사람들이 위험하다 생각한다고 해서 그게 정말 위험한 것은 아니라는 것이다. 결과만 놓고 보자. 2020년도 4월부터 2020년 12월 현재까지 비트코인을 투자했다면 5배의 수익을 얻었다. 비트코인은 과연 위험자산이었는가? 그 위험 평가라는 것은 누가 한 것인가? 누구의 생각인가? 독자님의 생각인가 아니면 대다수의 것인가?

결과만 놓고 보았을 때, 비트코인만큼 안정적으로 가격 흐름이 우상향을 한 자산은 드물다. 그리고 그 수익률은 굉장히 높다. 코로나 이후 큰 폭의 하락 없이 올라왔다. 사람들이 위험하다고 평가하는 이 자산은 실제로 굉장히 안정적인 가격 상승세를 보여주고 있다. 이렇게 안정적일 수 있나 싶을 정도이다.

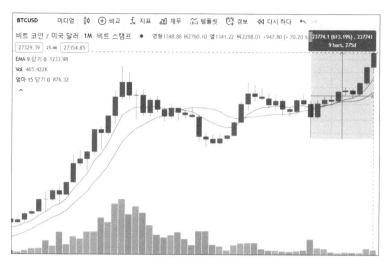

비트코인 613% 상승. 2017년 전 고점 돌파

투자에 있어서 가장 중요한 것은 리스크에 대한 분명한 인식이다. 실제 리스크와 일반 사람들이 느끼는 리스크는 항상 괴리가 있다. 실제로는 리스크가 적은데도 많은 사람들은 큰 리스크를 부여한다. 그리고 그로 인해 투자에 실패한다. 따라서 우리가 큰 수익을 얻기 위해서는 사람들이 보는 리스크와 실제 리스크의 사이의 괴리를 파악해야한다. 이 사이에서 우리는 수익을 얻어낼 수 있다.

이것을 가장 잘 포착할 수 있는 것은 암호자산이다. 암호자산은 눈부시게 성장 중이다. 많은 기업들에서 암호자산을 만들려 하고, 비트코인 투자에 관심을 보인다. 나스닥 상장기업 마이크로 스트레티지를 시작으로, 간편결제 시스템 기업 스퀘어 등이 각종 코인의 채굴 산업에 투자하고 있다. 페이스북에서는 '리브라' 코인을 만들어 발행하려고 했으며, 구글에서도 암호자산 관련 기업에 많은 투자를 했다. 한국에서도 이러한 움직임은 비슷하다. 카카오톡에서는 자회사 그라운드X를 통해 '클레이튼'을 만들었고, 대한민국 대표 암호자산 거래소 '업비트'를, 자회사 두나무를 통해 운영하고 있다. 네이버는 자회사 라인을 통해 암호화폐 '링크'를 만들었다. 삼성전자에서는 갤럭시 S10 이후의 휴대폰에 암호자산 지갑을 탑재한 상황이다.

[비트코인 간접 투자 회사]

| 회사명 | 국적-업종 | 투자 금액 |
|---|---|---|
| 노르웨이 정부 연기금 | 노르웨이 국부 펀드 | 650만 달러 |
| 블랙록 | 미국 자산운용사 | 마이크로 스트래티지의 지분 15.24% |
| 뱅가드그룹 | 미국 자산운용사 | 마이크로 스트래티지의 지분 11.72% |
| 구겐하임 파트너스 | 영국 자산관리 전문 투자회사 | 5억 3,000만 달러 |

출처 : "美투자사 구겐하임, 비트코인 펀드에 5,860억 원 투자" 이데일리 2020,
"노르웨이 국부펀드, 블랙록, 뱅가드그룹도 비트코인에 간접 투자" 이코노믹뉴스 2020

[암호화폐 투자사 및 발행코인]

| 회사명 | 업종 | 암호화폐 | 출시 시기 |
|---|---|---|---|
| 페이스북 | 소셜 네트워크 서비스 기업 | 디엠 | 2021년 1월 |
| HN(현대BS&C) | IT 서비스 및 건설업 | 에이치닥 | 2017년 11월 |
| 카카오 | 인터넷 정보매개 서비스 기업 | 클레이 | 2020년 6월 |
| 다날 | 통합결제 비즈니스 전문 기업 | 페이코인 | 2019년 7월 |
| 테라 | 이커머스 플랫폼 | KRT, 루나 | 2019년 |

**[비트코인 직접 투자 회사]**

| 회사명 | 국적-업종 | 투자 금액 | 투자 시기 |
|---|---|---|---|
| 마이크로 스트레티지 | 미국 기업용 소프트웨어 제작 기업 | 11억 2,500만 달러 | 2020년 8월 |
| 갤럭시 디지털 홀딩스 | 캐나다 암호화폐 기반 상업은행 | 1억 3,400만 달러 | 2020년 6월 |
| 스퀘어 | 미국 간편결제 서비스 기업 | 5,000만 달러 | 2020년 10월 |
| 헛에이트 마이닝 | 캐나다 암호화폐 채굴 기업 | 3,678만 달러 | 2020년 |
| 보이저 디지털 | 캐나다 암호화폐 중개업체 기업 | 792만 달러 | 2020년 3월 |
| 라이엇 블록체인 | 미국 비트코인 채굴 기업 | 720만 달러 | 2020년 6월 |
| 비트 디지털 | 미국 온라인 금융 서비스 기업 | 1,008만 달러 | 2020년 9월 |
| 코인 시타델 | 미국 암호화폐 채굴 기업 | 18만 달러 | 2015년 12월 |
| 어드밴스드 비트코인 테크놀러지스 | 독일 블록체인 기술 설계 기업 | 211만 달러 | 2018년 |
| 디지털 엑스 | 호주 블록체인 결제 솔루션 기업 | 87만 달러 | 2019년 |
| 하이브 블록체인 | 캐나다 암호화폐 채굴 기업 | 629만 달러 | – |
| 싸이퍼펑크 홀딩스 | 캐나다 금융투자 기업 | 163만 달러 | 2020년 6월 |
| 빅 디지털 에셋 | 캐나다 암호화폐 중개 기업 | 107만 달러 | – |
| 아르고 블록체인 | 영국 암호화폐 채굴 기업 | 134만 달러 | 2020년 9월 |
| FRMO | 미국 금융 리스크 관리 기업 | 187만 달러 | 2020년 3월 |

출처 : 비트코인트래슈리즈

이렇게나 많은 회사들이 비트코인에 직간접적으로 투자하고 있다. 이것을 보면서도 비트코인 투자가 리스크가 높은 투자라 생각하는가? 기업들은 비트코인이 돈이 된다는 것을 재빨리 눈치챈 것이다. 테슬라의 CEO 일론 머스크는 오랜 기간 비트코인에 관심을 가졌고 최근에는 자신의 트위터 프로필에 '#bitcoin'을 올릴 정도이다. 그리고 테슬라의 자산에 비트코인을 편입시키기로 결정하였다.

주변인들은 비트코인에 투자한다는 말에 손사래 치며 아직도 투자 중이냐고 말한다. 저자는 2019년 4월 이 기회를 눈치챘다. 주변에 물었을 때 모두가 비트코인은 리스크가 있는 자산이라고 말 하는 것, 저자가 기회를 포착한 지점은 바로 거기였다. 지금 그 기회를 통해 삶이 크게 변하고 있는 것이 사실이다.

| 미국 대선 이후 증권사 PB 추천상품 및 자산 | | |
|---|---|---|
| PB | 추천 상품 및 자산 | 이유 |
| 이한동 유진투자 증권<br>서울WM 1센터 차장 | 인프라 채권<br>혼합형 펀드 | 5% 정도 안정적 수익률 가능.<br>민주당·공화당 모두<br>5G 인프라 투자공약 |
| 이종원 DB금융투자<br>평촌지점 부지점장 | 중형급 자산운용사<br>중국 4차산업 펀드 | 중국 산업 및 금융시장<br>지속 성장 전망 |
| 민재기 KB증권<br>프라임(Prime)센터 차장 | 비트코인 | 달러 약세로, 새로운 자산에<br>유동성 유입 |

최근엔 증권사에서도 비트코인이 추천 상품으로 나올 정도로 금융권에서 많은 관심을 가지고 있다. KB증권에서는 달러 약세로 인해 새로운 자산에 유동성을 유입할 필요성이 있다며 비트코인이라는 자산을 추천했다.

# 로우 리스크
# 하이 리턴

　그렇다면 현재 비트코인과 알트코인에 투자하면서 자산을 늘리는 사람들은 어느 정도의 수익을 얻고 있을까? 실제로 이게 돈이 되는 투자가 맞을까? 저자의 자산은 초기 투자 금액 대비 250배가 된 상황이다. 그렇다면 이것은 저자가 특별해서일까? 아니다. 저자 외의 투자 성공 사례로 유튜브 채널에서 자주 언급했던 'H'의 투자 방법과 자산 증가 현황에 대해 공유하려고 한다. H는 비트코인과 이더리움만 90%로 담은 포트폴리오에 투자해온 사람이다.

　이 친구는 비트코인과 이더리움 외에 거의 투자하지 않았다. 2019년도 초에 9,800만 원 정도를 굴리던 친구가, 2021년 3월 현재 시점에서 20억 원 정도를 굴리고 있다. 약 2년 만에 20배 가까이 되는 수익을 만들어낸 것이다. 이 친구의 투자 전략은 심플하다.

[세력의 실제 방송화면]

## 유튜버 세력 지인<H> 실화

- 17년 5100 / 18년 7300 / 19년초 9800 (19년 초 비트코인 투자 시작)
- 19. 05.27 비트코인 1개 / 이더리움 100개
- 19. 07.28 비트코인 2개 / 이더 100개
- 19. 10.07 비트 2개/이더 150개
- 19. 12.29 비트 3개 / 이더 150개
- 19년말 1억 3천 300만
- 20.03.15 비트 5개 / 이더 150개
- 20.03.30 비트 10개 / 이더 300개
- 20.04.27 순 자산 2억 돌파
- 코로나 위기때(4월) 투자수익 7천
- 20.07.30 비트 15개 / 이더 500개
- 20.08.13 순 자산 5억 돌파
- 20.12.27 비트 16개 / 이더 576
- 20.12.27 순 자산 8억 돌파

➡️ 레버리지 1억

*주식 테슬라(+133%) 소액,
에이다 오르빗체인 기타 등등

① 하락 사이클에서 돈이 생길 때마다 비트코인과 이더리움을 분할 매수한다.

② 이더리움 가격이 과하게 크게 상승하면 이더리움을 조금 팔고 비트코인을 산다.

③ 비트코인 가격이 과하게 상승하면 비트코인을 팔고 이더리움을 산다.

④ 이더리움 가격이 과하게 하락하면 비트코인을 팔고 이더리움을 산다.

⑤ 비트코인 가격이 과하게 하락하면 이더리움을 팔고 비트코인을 산다.

⑥ 위 과정의 반복을 통해 비트코인과 이더리움의 평가액 5:5를 유지한다.

⑦ 코로나 사태와 같이, 시장이 비이성적으로 겁에 질리는 상황이 온다면 대출을 통해 투자 금액을 늘린 후 공격적으로 투자한다.

## [H의 투자 수익 현황판](구글 시트)

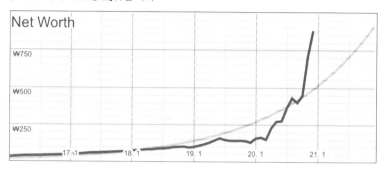

## [H의 월별 자산 변화]

| 연월 | 자산 총액 | 수익 증감 | 누적 수익률 |
|---|---|---|---|
| 17. 1 | ₩52,750,000 | 3.5% | 53.8% |
| 17. 2 | ₩53,867,000 | 2.1% | 57.1% |
| 17. 3 | ₩56,155,000 | 4.2% | 63.8% |
| 17. 4 | ₩59,099,000 | 5.2% | 72.3% |
| 17. 5 | ₩62,765,000 | 6.2% | 83.0% |
| 17. 6 | ₩62,915,000 | 0.2% | 83.5% |
| 17. 7 | ₩64,515,000 | 2.5% | 88.1% |
| 17. 8 | ₩66,015,000 | 2.3% | 92.5% |
| 17. 9 | ₩67,565,000 | 2.3% | 97.0% |
| 17. 10 | ₩69,369,000 | 2.7% | 102.3% |
| 17. 11 | ₩71,215,000 | 2.7% | 107.7% |
| 17. 12 | ₩73,067,000 | 2.6% | 113.1% |
| 18. 1 | ₩77,715,000 | 6.4% | 126.6% |
| 18. 2 | ₩80,229,000 | 3.2% | 134.0% |
| 18. 3 | ₩81,905,000 | 2.1% | 138.8% |
| 18. 4 | ₩84,955,000 | 3.7% | 147.7% |
| 18. 5 | ₩85,235,000 | 0.3% | 148.6% |
| 18. 6 | ₩89,892,000 | 5.5% | 162.1% |
| 18. 7 | ₩90,589,000 | 0.8% | 164.2% |
| 18. 8 | ₩93,486,000 | 3.2% | 172.6% |
| 18. 9 | ₩100,304,000 | 7.3% | 192.5% |
| 18. 10 | ₩101,803,000 | 1.5% | 196.9% |
| 18. 11 | ₩103,806,000 | 2.0% | 202.7% |
| 18. 12 | ₩98,197,000 | −5.4% | 186.4% |

| 연월 | 자산 총액 | 수익 증감 | 누적 수익률 |
|---|---|---|---|
| 19. 1 | ₩102,527,000 | 4.4% | 199.0% |
| 19. 2 | ₩111,623,000 | 8.9% | 225.5% |
| 19. 3 | ₩119,189,000 | 6.8% | 247.6% |
| 19. 4 | ₩130,747,000 | 9.7% | 281.3% |
| 19. 5 | ₩145,556,000 | 11.3% | 324.5% |
| 19. 6 | ₩160,584,000 | 10.3% | 368.3% |
| 19. 7 | ₩150,159,000 | −6.5% | 337.9% |
| 19. 8 | ₩144,219,000 | −4.0% | 320.6% |
| 19. 9 | ₩143,833,000 | −0.3% | 319.4% |
| 19. 10 | ₩145,157,000 | 0.9% | 323.3% |
| 19. 11 | ₩141,917,000 | −2.2% | 313.8% |
| 19. 12 | ₩132,977,000 | −6.3% | 287.8% |
| 20. 1 | ₩160,152,000 | 20.4% | 367.0% |
| 20. 2 | ₩166,219,000 | 3.8% | 384.7% |
| 20. 3 | ₩152,251,000 | −8.4% | 344.0% |
| 20. 4 | ₩229,319,000 | 50.6% | 568.7% |
| 20. 5 | ₩272,671,000 | 18.9% | 695.1% |
| 20. 6 | ₩275,994,000 | 1.2% | 704.8% |
| 20. 7 | ₩361,179,000 | 30.9% | 953.2% |
| 20. 8 | ₩431,000,000 | 19.3% | 1156.9% |
| 20. 9 | ₩398,954,000 | −7.4% | 1063.4% |
| 20. 10 | ₩446,978,000 | 12.0% | 1203.4% |
| 20. 11 | ₩710,856,000 | 59.0% | 1972.9% |
| 20. 12 | ₩882,083,299 | 24.1% | 2472.3% |

시가총액이 가장 큰 두 개의 자산만으로 충분한 투자 수익을 얻고 있다. 은행금리 2%인 초저금리 시대에 어떤 투자 수단을 통해서 이 정도의 수익률을 기대할 수 있을까?

전략이 매우 단순하지 않은가? 그냥 철저하게 저렇게 진행했을 뿐이다. 다만 이 친구가 큰 수익을 얻을 수 있었던 것은 하락 사이클에서 겁먹기보단 매수에 임했고, 상승 사이클에 매도를 진행할 계획으로 투자에 임했기 때문이다.

저자는 이 친구처럼 비트코인과 이더리움에만 투자하는 것도 매우 좋은 전략이라고 생각하고 있다. 비트코인은 암호자산의 기축통화 역할을 하는 가치저장 수단이기도 하고 가장 오랜 역사 속에서 살아남았다. 그리고 각국 정부들도 비트코인의 지위를 대부분 인정하는 눈치이다. 이더리움 역시 플랫폼 코인으로서 가장 많은 디앱(Decentralized Application : 블록체인 기반 애플리케이션)을 확보한 상태로 비트코인 다음으로 시가총액 2위에 해당하는 코인이다. 증권거래위원회 SEC로부터 증권인지 아닌지에 대해 조사를 받기도 하였는데, 이더리움은 증권이 아닌 것으로 판명되기도 하였다.

그레이스케일 자산운용사 외 여러 공신력 있는 기관에서 비트코인과 이더리움을 가치 있는 투자 대상으로 인정하는 분위기이다. 이더리움과 비트코인을 비교하면 아무래도 비트코인이 리스크가 적지만, 알트코인도 포트폴리오에 섞고 싶다면 이더리움도 괜찮다고 생각한다.

그런데 만약 굳이 다른 코인을 더 공부하여 더 큰 기회를 얻고 싶다면 아예 불가능한 것은 아니다. 아래 코인들은 비트코인이나 이더리움보다 더 큰 상승률을 보인 코인들이다.

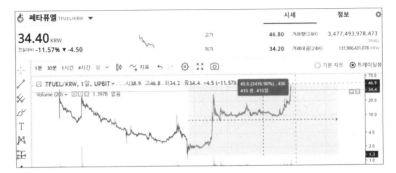

쎄타퓨엘 저점(2020.03.16.) 대비 고점(2020.12.25.), 3416% 상승

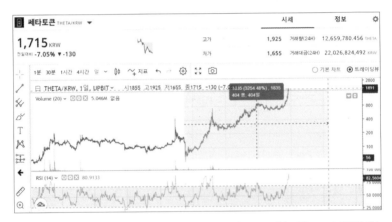

쎄타토큰 저점(20.03.16.) 대비 고점(20.12.25.), 3254% 상승

카이버네트워크 저점(19.01.25.) 대비 고점(20.08.09.), 1688% 상승

서른살, 비트코인으로 퇴사합니다

정말 짧은 시간 안에 많이 올라간 코인들이다. 만약 이런 코인들을 가격 상승이 오기 전에 미리 선점하여 투자해뒀다면 얼마나 많은 수익을 거둘 수 있었을까? 암호자산 시장의 수익률이라는 것은 상상을 초월한다. 이러한 코인들을 발굴하고 비트코인과 이더리움에 투자한 것보다 훨씬 더 큰 수익을 얻는다면 너무 축하할 일이고 잘된 일이다.

다만 일반투자자가 좋은 종목을 선별해내기란 쉽지 않으며, 정보의 비대칭은 특히 암호자산 시장에서 조심해야 할 부분이다. 블록체인이 새로 나온 개념이고 이해가 어렵기 때문에 이걸 이용한 신종 사기들도 많고 다단계 코인 등 사회적으로 해결되어야 할 문제도 많다. 이러한 부분들은 투자자들이 직면할 수 있는 현실적 리스크일 수 있고, 조심해야 할 부분이다.

만약 비트코인이나 이더리움 외에 다른 코인에 좀 더 투자하고 싶다면 정말 많은 공부와 적절한 포트폴리오 배분이 중요할 것으로 보인다. 코인들이 마케팅 목적으로 작성한 설명과 글들이 곳곳에 있기 때문에, 웬만하면 대부분의 코인들이 가치 있어 보인다. 그래서 많은 사람들이 그레이스케일 자산운용사의 포트폴리오를 참고하거나, 상장 심사가 까다로운 제미니 거래소 상장 코인들을 보고 투자한다. 플립사이드 크립토 사이트를 참고하며 시장에서 어떻게 평가받는지 참고하기도 한다.

닷컴 버블 당시 '.COM'이 기업 이름에 붙어있으면 모든 종목의 주가가 고공행진을 했었다. 해당 기업의 가치와는 별개로 말이다. 가격이 올라간다고 해서 해당 기업이 가치가 있었던 것이 아니다. 주가가 크게 상승했던 당시 기업들은 현재 대부분 사라졌다. 즉 가치가 있거나 없거나 가격이 올랐었다는 것이다. 언제 어떻게 사라질지는 아무도 모른다. 다만 닷컴 버블에서 살아남은 기업들은 큰 가치 상승을 이뤘고 당시 기업의 대주주들은 세계의 부호가 되었다.

이것과 알트코인을 투자하는 것은 매우 비슷한 이치라고 생각한다. 향후에도 살아남을 코인에 투자를 한다면 막대한 부를 이룰 수 있을 것 같지만, 닷컴 버블 당시의 많은 기업들이 그랬듯이, 많은 알트코인들은 역사 속에서 사라질 것이다. 이것은 각자 다른 시대에서 일어나는 다른 일이지만, 각 산업혁명의 중심에서 일어난 사건이라는 공통점이 있다.

시장이 평가하는 리스크는 여전히 크지만, 우리는 진짜 리스크를 제대로 읽어내야 한다. 다만 이 실제 리스크라는 것은 현재 주관적일 수밖에 없고 지나봐야만 알 수 있는 것이다. 아무리 저자인들 '현재 비트코인의 리스크는 이 정도입니다'라고 딱 잘라 말할 수는 없다. 그러나 4차산업혁명으로 넘어가는 대혁명의 시대에 그 중심 사업 중 하나인 '블록체인'은 엄청난 기회이다. 100년에 한 번 만날 수 있는 엄청난 기회이고 이 기회를 잡고 삶이 바뀌는 사람들이 점점 늘어나고 있다. 기회란 항상 입증되지 않았을 때 존재한다는 것을 인지하자.

# 비이성적 리스크 평가가
# 일어나는 이유

실제 리스크와 사람들의 평가 리스크 사이에 괴리가 나타나는 이유는 무엇일까? 저자는 인간의 비이성적인 행동에 대해 연구하는 '행동경제학'에서 그 답을 찾았다. 행동경제학이란 인간의 실제 행동을 심리학, 사회학, 생리학적 시각에서 바라본 후 얻은 결과로 경제를 규명하려는 경제학의 한 분야이다.

행동경제학은 주류경제학의 '합리적인 인간'을 부정하는 데서 시작하지만 그렇다고 인간을 비합리적 존재로 단정 짓는 것은 아니다. 인간이 결정을 할 때 얼마나 비합리적일 수 있는지, 어떤 방식으로 경제활동을 하는지를 들여다 볼 때, 주류 경제학에서는 인간을 완벽하게 합리적인 존재로 규정하고 항상 효율적인 선택을 한다는 것을 가정하는 데 반해 행동경제학에서는 인간의 선택에는 감정이 섞여 있다고 본다. 행동경제학의 창립자라고 불리는 대니얼 카너먼은 "인간은 주관에 휘둘려 충동적이며 집단적으로 똑같이 행동해 자기 과신(過信)과 편향에 빠진다. 때로는 자신이 보는대로, 때로는 남들이 하는대로 따라 결정하는 존재이다"라고 말했다. 합리적 이성이 아니라 감정의 영향으로 '위험을 회피하기 위해' 비합리적 의사결정을 한다는 대니얼 카너먼의 '전망 이론(Prospect Theory)'은 세계적인 행동경제학 열풍을 낳았다. **감정의 영역이 이성의 영역을 침범하여 비이성적 선택을 하게 만든다는 것이다.** 저자는 투자 결정의 비이성이 바로 이런 곳에서 나온다고 생각한다.

보통 투자를 진행하면서 낮은 가격에서 매수하고, 높은 가격에서 매도해야 한다는 것은 모두가 다 아는 일반적인 사항이다. 하지만 인간의 감정은 가격이 올라가는 차트를 보고 있을 때, 매수 버튼을 누르게 만들고 내려가는 차트를 보고 있을 때, 매도 버튼을 누르게 만든다. 그래서 계속 오르는 상승장에서도 돈을 많이 벌지 못하는 것이다. 대니얼 카너먼의 행동경제학 핵심 논지는 '뇌에는 두 가지 생각이 공존한다'는 것이다. '빠른 사고(Fast Thinking)'와 '느린 사고(Slow Thinking)'이다. 빠른 사고는 감성적이며 직관적으로 즉각 작용하지만, 느린 사고는 천천히 논리적으로 작용하여 생각과 행동을 통제한다. 비합리적인 결정으로 문제를 일으키는 대부분의 상황은 빠른 사고를 통해서 결정했기 때문이다.

예를 들어 보자. '야구방망이와 야구공을 합쳐 1달러 10센트다. 방망이는 공보다 1달러 더 비싸다. 공의 가격은 얼마인가?'

카너먼 교수는 "대부분 사람은 곧장 10센트라고 답한다"고 했다. 그러나 10센트는 오답(誤答)이다. 공이 10센트이고 방망이가 1달러 더 비싸다면 방망이는 1달러 10센트로 방망이와 공을 합쳐 1달러 20센트가 된다. 결국 공은 5센트가 돼야, 1달러 더 비싼 방망이(1달러 5센트)를 합쳐 1달러 10센트가 된다. 그는 강조한다. "빠른 사고는 결국 '당신이 보는 게 세상의 전부(What you see is all there is.)'란 함정에 빠지게 만든다. 빠르고 사려 깊지 못한 의사결정은 과신과 낙관주의로 이어진다. 논리적이고 느린 사고를 해야 한다는 것을 알지만, 그걸 하지 않는다. 이로 인해 이득보다 손실의 불만족을 두려워하게 되고 편향적인 판단을 일삼는다"(출처 : "노벨경제학상 받은 심리학자 대니얼 카너먼 교수" 조선일보, 2012)

투자에서 이런 일이 종종 그리고 자주 일어난다. 오랜 횡보 끝의 급등은 앞으로의 상승을 예견하는 듯한 착각을 일으킨다. 대부분 투자자들은 이런 근거 없는 확신으로 매수를 진행하고 금방 이 결정이 잘못되었다는 것을 깨닫는다. 하지만 알면서도 지속적으로 같은 실수를 반복한다. 위 예시로 나와있는 빠른 사고는 결국 보고 있는 것이 세상의 전부라는 착각에 빠지게 만든다.

특히 코인 시장에서 이러한 일들은 지속적으로 반복된다. "투자를 지속하며 주의해야 할 점은 '확증편향'이다"라고 세력 유튜브 채널에서 지속적으로 말해왔다. 대니얼 카너먼은 저서 〈생각에 관한 생각〉 두 번째 장에서 다양한 편향 사례들을 소개한다. 통계 조사 과정에서 나타나는 소규모 표본에 대한 과장된 믿음, 잘 모르는 것에 대해 안다고 생각하는 확신 편향, 무작위성을 인과관계로 파악하는 착각, 처음 입력한 정보를 기준으로 판단을 내리는 닻 내림 효과 등이다. 허술한 증거로 인과관계를 만들고 그것을 신뢰함에 따라 나타나는 오류 사례는 다양하다.

세력 채널에서는 정보를 많이 다루지 않고, 투자라는 것 자체에 집중한 설명을 많이 한다. 왜냐하면 외부에서 일어나는 사건들을 조합하고 몇 가지 제한적인 정보를 조합하여 개연성 있는 이야기를 만들어내는 것은 인과가 맞지 않은 네거티브 오류를 만들어내기 쉽기 때문이다.

또한 미래 예측에 대한 전문가들의 과도한 자신감은, 사건의 결과를 보고 자신이 그런 결과를 예견한 것으로 착각하는 사후 확신 편향 속에서 만들어진 것일 확률이 높다. 이는 인간으로 태어난 이상 모두가 가지고 있는 부분이기 때문에 세력 채널을 운영하는 저자도 피해갈 수 없다. 그리고 세력 채널을 구독하는 구독자 분들도 피해갈 수 없다. 정보와 결과를 연결 짓고, 그것이 100% 생각대로 되었다고 연출하는 이들은 대부분 그 이면에 숨어있는 여러 가지 수많은 이유에 대해서는 정확히 설명해내지 못한다.(출처 : "인간 행동은 합리적이지 않다" 한겨레, 2013)

대니얼 카너먼의 논문인 〈위험한 상황에서 내리는 결정 분석〉의 내용 중 반드시 알아두어야 할 사항이 있다. 이 논문에는 유명한 실험이 포함되었는데, 피실험자들이 선택지 중 하나를 선택하게 하는 방식이었다. 첫 번째는 일정 확률로 큰 금액을 받는 선택지와 확실하게 적은 금액을 받는 선택지 중에서 고르는 것이었다. 그 선택지는 1,000달러를 받을 확률 50%, 450달러를 받을 확률 100%였다.

두 번째는 반대로 손실을 떠안는 선택지 중에서 고르는 방식이었다. 1,000달러를 잃을 확률 90%와 900달러를 잃을 확률 100% 가운데 선택해야 했다. 사람들은 이익에 대해서는 대다수가 450달러를 받을 확률 100%를 선택했음으로, 효용이론(확률과 기회에 따른 가치 판단)과 일치하는 합리적 선택을 했다고 평가받는다. 그러나 사람들은 손실에 대해서는 합리적이지 않았다. 손실에 대해서는 고통이 매우 큰 탓에, 사람들은 손실을 피할 확률을 조금이라도 확보하려고 손실 가능 금액을 키웠던 것이다. 효용이론에 따르면 1번의 선택 앞에 90% 확률과 100% 확률은 차이가 없다. 그럼에도 불구하고 사람들은 1,000달러를 잃는 것을 많이 선택했다. 이번엔 합리적 선택보다 감정이 앞섰기 때문이다. 다르게 말하면 돈을 벌 때 느끼는 기쁨보다 돈을 벌지 못할 때 느끼는 고통이 더 크다는 뜻이다.

**근시안적 손실회피 이론에 의하면, 사람들은 일정 금액을 벌 때 느끼는 기쁨보다 같은 금액을 잃을 때 느끼는 고통이 2.5배나 크다.** 이 차이가 사람들이 실수를 저지르는 핵심요인이 된다. 가격이 하락하면 사람들은 추가 손실을 회피하려고 헐값에 주식을 판다. 반등 가능성이 커도 계속 자산을 보유하는 대신 추가 손실을 막으려 하는 것이다. 이 이론은 변동성이 클 때 사람들이 불합리하게 자산을 서둘러 파는 이유를 설명해준다. 우리의 두뇌 구조는 이익 획득보다 손실 회피에 주력하도록 구성되었다는 의미이다. 이것은 우리 투자자에게 굉장히 큰 의미가 있는 내용이다.

보통 암호자산 투자자들이 실패하는 이유가 바로 이 근시안적 손실회피 성향 때문이다. 일정 금액을 벌 때 느끼는 기쁨보다, 같은 금액을 잃을 때 느끼는 고통이 투자자로 하여금 포지션 유지를 못하게 만든다. 1,000만 원을 투자하여 100만 원의 수익이 나도, 여기서 50만 원이 내려가면 그 고통을 참지 못하고 매도를 해버린다는 것이다. 투자를 통하여 큰돈을 벌기 위해서는 안 팔고 인내하는 것이 가장 중요하다. 그런데 많은 사람들이 본능적으로 근시안적 손실회피 성향을 컨트롤하지 못한다. 그래서 투자에서 성공하기 위해서는 이 근시안적 손실회피 성향을 가지고 있다고 스스로 인정하고, 이성으로 붙잡고 인내해낼 수 있어야 한다. 그 이성을 키우는 것이 투자 실력을 증대시켜 나가는 과정이라고 말하겠다. 그래서 한 번 돈을 잃어본 사람들이 투자를 잘 하는 경향이 있다. 단순히 정보를 많이 아는 것이 아니라, 감성을 컨트롤하는 이성이 강해지기 때문이다.

대부분 리스크를 판단할 때 가격변동성을 많이 본다. 하지만 가격변동성은 리스크를 평가하는 데 적합한 요소가 아니다. 오히려 가격변동은 리스크를 평가할 때 머릿속에서 지우고 봐야하는 요소이다.

'현재 가격이 ○○○원이기 때문에 리스크가 없다'고 판단하는 것이 아니라, '현재 가격이 얼마인지 모르겠지만 이 자산은 가치가 있다'라고 평가해야 한다는 것이다. **대부분의 투자자는 가격이 오르면 가치가 있다고 생각하지만, 가치가 있기 때문에 가격이 따라가는 것이라고 보는 것이 맞다.** 이렇게 글로 읽었을 때는 당연한 이야기를 한다고 생각하겠지만, 대부분 실제 시장 참여자 입장에서는 이렇게 생각하는 것이 어렵다.

한 번 더 말하지만 가격이 올라서 가치가 있는 것이 아니라, 가치가 있기 때문에 가격이 오르는 것이다. 그렇기 때문에 가격과 상관없이 가치를 가려내는 눈을 가질 필요가 있다. 그리고 리스크라는 것은 가격의 오르내림으로 보는 것이 아니라, 가치의 있고 없음으로 판단하고 시장이 과열 상태인지 냉각 상태인지를 파악해 평가하는 것이다. 해당 장에서는 리스크와 가치평가에 대해 알아보았으니 다음 장에서 시장이 과열 상태인지 냉각 상태인지 알아보는 방법에 대해 말하겠다.

# [2019년 10월 세력의 투자 일기]

모두가 오를 거라고 예상했던 10월 중순. 지표와 모든 것들이 상승을 외치지만 시장은 뜻대로 흘러가지 않는다.

알트코인들은 언더슈팅(급락)한 상태이고 알트코인 시가총액은 저점에 다다른 상황이다. 비트코인 약 상승과 함께 알트코인 순환매를 기대하고 있지만, 기대대로 시장은 흘러가지 않는다.

10월 중순까지 오는 데 굉장히 힘들었다. 하지만 10월 중순에도 알트장이 오지 않는다면? 기다림의 레이스는 더 길어진다.

흔들리는 것이 사실이다. 하지만 이것 역시 감정의 영역이 아닌가. 이성의 영역을 불러내보면 이것은 기회이지 약간의 조정으로 인해 힘들어할 때가 아니다. 이성의 끈을 붙잡자.

만약 내가 생각한 것이 모두 틀렸다면 어떻게 해야 할까? 그러면 어쩔 수 없는 것이다. 그냥 받아들이면 된다. 이게 두려웠다면 암호자산 투자는 애초부터 시작도 하지 말았어야 했다.

# 제6장

# 장기 사이클을
# 활용해
# 중단기 사이클을
# 보아라

# 비트코인
# 도미넌스 차트의 이해

시장에서 무엇이든 정확히 알 수 있는 방법은 없다. 과열 상태인지 냉각 상태인지 정확하게 인지해서, 언제 어떻게 진입해야 한다는 것을 매번 맞출 수 있는 사람은 아무도 없다. 하지만 비트코인은 장기적 관점에서 4년의 사이클을 가지고 있다는 것과, 그 상승 사이클 안에는 '비트코인 불장'과 '알트코인 불장'이 서로 엎치락뒤치락하며 간다는 경향성은 찾을 수 있다.

비트코인이 혼자 상승하는 장세와, 비트코인은 크게 상승하지 않는데 알트코인들은 열심히 달려가는 장세가 존재한다. 그것은 비트코인 도미넌스 차트에 잘 나와 있다.

이 차트는 비트코인 도미넌스 차트이다. Y지표는 비트코인이 암호자산 시장에서 차지하고 있는 비중을 나타낸다. 즉 50 지점에 있다

면 전체 암호자산 시장에서 비트코인이 차지하는 비중이 50%라는 의미이다. 이 도미넌스 차트의 흐름은 투자 결정에 매우 유의미한 요소이기 때문에 정확하게 이해해야 한다.

비트코인의 시장 지배력이 올라간다는 것은 비트코인 가격이 알트코인들의 가격 움직임보다 더 좋다는 의미이다. 이 말은 다 함께 상승할 때는 비트코인이 알트코인보다 더 많이 올라간다는 것이고, 하락할 때는 비트코인이 알트코인보다 덜 하락했다는 의미이다.

반대로 비트코인의 시장 지배력이 떨어진다는 것은 비트코인 가격이 알트코인들의 가격 움직임보다 안 좋다는 의미이다. 즉 상승장에서는 비트코인보다 알트코인들이 훨씬 더 많이 상승했다는 것이고, 하락장에서는 비트코인보다 알트코인들이 덜 하락했다는 의미이다.

유튜브 세력 채널에서 줄곧 주장해온 이야기 중 한 가지는 도미넌스 차트는 큰 틀에서 결국 우하향한다는 것이다. 2015년에는 비트코인 지배력이 90 이상이었다. 왜냐하면 그땐 알트코인들이 비트코인에 비해 인지도가 매우 낮았으며, 비트코인 조차도 믿음이 없던 시기에 알트코인들에 믿음을 가지기엔 정말 쉽지 않았기 때문이다.

하지만 이더리움이나 리플과 같은 코인들이 등장하기 시작하면서, 오직 비트코인만이 지배력이 높았던 상황에서 알트코인들이 지배력을 올리기 시작한다. 그래서 점점 비트코인의 지배력을 가져오게 되는데, 2017년 5월에 알트코인 불장과 함께 비트코인의 지배력 63%까지 떨어지는 사건이 일어난다. 위 그래프 첫 번째 색깔 원 지점인 1차 알트코인 대형 불장 시기이다. 이때 당시 알트코인들은 비트코인 상승량 대비 10배 이상의 가격 상승을 이뤘고 엄청난 변동성 속에서 많은 부자들이 탄생했다.

1차 폭등 이후 몇 개월은 비트코인 지배력이 상승하다가, 다시 두 번째 원 지점인 2차 알트코인 대형 불장이 온다. 그리고 그 후 비트코인 독주장이 이어지다가, 마지막 원 지점인 2018년 1월 비트코인 4년 사이클 상승장을 마무리하며, 알트코인 불장이 마지막으로 한 번 더 온다. 당시 알트코인에 장기투자했던 사람들은 정말 많은 돈을 벌었다. 돈을 잃은 사람들은 위에서 말한 것처럼 손실회피 성향대로 낮은 가격에 팔고, 비싼 가격에 산 사람들이다.

알트코인의 시가총액은 비트코인에 비해 현저히 낮았고 지금도 마찬가지이다. 비트코인에 비해 알트코인은 초단기적으로 상승하기 때문에, 단 한 번이라도 알트코인 상승장에서 제대로 상승분을 익절할 수 있다면 의미 있는 수익이 된다. 최근 시가총액 3위가 된 에이다 코인은 단 78일 만에 727% 상승했다.

에이다 저점(20.11.18.) 대비 고점(21.02.04.), 727% 상승

100원대에서 900원대가 되어버릴 정도의 엄청난 상승을 해낸 것이다. 이래서 알트코인 상승장에서 상승분을 수익으로 담아낼 수 있다면, 정말 어마어마한 수익을 낼 수 있다는 것이다. 이 상승 시기를 견뎌내는 것은 여간 쉬운 일이 아니지만, 알트코인 불장에 대한 이해와 확신이 있다면 충분히 가능하다.

일반적으로 암호자산 시장은 다음과 같은 메커니즘에 의해 돌아간다. 우선 시가총액이 가장 큰 비트코인이 상승하면 암호자산 시장의 시가총액은 전체적으로 올라가고 관심도 올라간다. 그러면 신규 투자자들이 참여하기 시작하고 비트코인의 가격은 더욱 올라간다. 암호자산에 관심 없던 사람들도 비트코인의 가격 상승에 놀라고 더 많은 사람들이 진입한다.

비트코인 가격이 충분히 상승하고 나면 낙수효과를 받아 알트코인들이 상승하기 시작한다. 알트코인들은 비트코인 가격에 영향을 받는다. 보통 비트코인이 먼저 상승을 하고 횡보하는 가운데 그 상승량이 알트코인으로 흐른다.

비트코인은 안전자산인데 비해 수익은 알트코인보다 떨어진다. 그런데 알트코인보다 더 가격이 많이 오른다면 사람들은 어떤 결정을 내리게 될까? 안정적이면서 수익까지 더 주는 비트코인을 매수하게 된다. 비트코인을 매수하는 결정이 가장 좋아 보이기 때문이다. 반대로 알트코인들이 상승하는 경우는 비트코인의 가격이 오르지 않고 계속 횡보를 하는 경우이다.(그러나 이것을 예상하고 시장에 들어가선 안 된다. 전략에 대해서는 나중에 설명하겠다.)

다만 가격 상승이 모든 코인에 동시다발적으로 오는 것이 아니기 때문에, 처음 오른 코인을 가지고 있지 못했다면 그 코인을 사고 싶은 마음이 들게 된다. 비트코인을 가지고 있는 투자자들 입장에서는 상대적 박탈감이 들기도 한다. 얼른 비트코인을 매도하고 상승하는 알트코인을 사야 할 것만 같은 느낌이 드는 것이다. 시장 참여자들은 알트코인이 오를 때 들고 있지 않으면 손해를 보고 있다는 착각을 하기 때문이다. 그 착각으로 인해, 참지 못하고 비트코인이나 오르지 않은 알트코인을 팔고 올라가는 알트코인을 따라 사게 된다. 그럼 놀랍게도 새로 올라탄 코인에서 큰 하락이 나오면서 투자자들이 돈을 잃는다. 이게 수년간 반복되어온 일반 투자자들의 패턴이다.

비트코인 및 알트코인의 가격 흐름에 대해 이상하고 특이하다고 생각할 수도 있지만, 이런 비슷한 움직임은 주식시장이나 부동산 시장에서도 충분히 볼 수 있다.

주식시장에서도 어떤 종목에 호재가 발생해서 투자자가 몰려 주가가 상승하면, 그 종목과 관련 있는 종목도 주가가 상승하게 되어 순환적으로 매수를 하려는 분위기가 형성되는데 이를 '순환매'라고 한다. 예를 들어 주식시장의 순환매 패턴은 금융주 및 건설주(증권, 은행, 보험) → 저가 개별주 → 중고가 소형주 → 우량제조주 → 금융주 및 건설주 순으로 일어난다. 실제로 한국 주식시장에서 1997년 7월부터 12월까지 트로이카(증권, 은행, 건설) 종목군이 대상승하는 동안 삼성전자의 주가 상승률은 상대적으로 미미했었다. 그러나 트로이카 종목군이 지속적으로 하락하는 동안 삼성전자를 필두로 한 우량 제조업체들의 상승률은 가공할 만큼 컸었다. 현재 주식시장의 흐름도 이 패턴에서 크게 벗어나질 않는다.

**❶ 테마간 순환매**

테마간 순환매(Cyclical Rally in Theme)는 크게 아래의 도식과 같은 모습을 하고 있다. 각각의 색이 표현하는 흐름은 각 테마의 탄생과 눌림, 시세 분출의 과정을 나타낸 것이다. 위의 도식을 통해 이해할 수 있는 내용은 바로 A 테마가 형성된 후 조정기에 진입할 때에는 B 테마가 형성되면서 시세를 분출할 수 있고, A 테마가 시세의 분출을 준비하고 B 테마가 조정기에 진입할 때에는 C 테마가 형성되어 상승할 수 있다는 것이다. 이처럼 시장 내에 존재하는 자금(돈)은 테마간 순환매에 따라 계속해서 돌고 돈다.

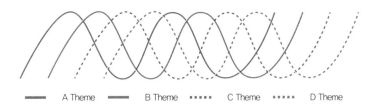

━━━ A Theme　━━━ B Theme　‥‥‥ C Theme　‥‥‥ D Theme

**❷ 여러 가지 순환매의 유형 및 상황**

시장에는 A와 B 테마 두 가지만 존재할 수도 있으며 A, B, C, D, E, F, G 6개의 테마가 존재할 수도 있다.

시장에 A와 B라는 두 개의 테마만 존재하는 경우, 아래와 같은 현상이 나타난다. 위의 A, B, C, D 네 가지 테마가 존재하는 시장의 경우 자금의 흐름을 표현한 도식에서 C 테마와 D 테마만 제외하면 모두 동일하다. 아래와 같이 A 테마의 형성과 조정, 시세 분출 이후 소멸기, 그리고 B 테마의 형성 및 조정 그리고 시세 분출과 이후의 소멸기로만 시장 내 자금이 흘러간다.

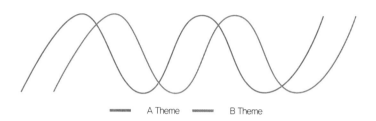

아래는 시장 내에 A, B, C라는 세 가지 테마가 존재하는데 그 중 B 테마가 특정 이슈의 해소 또는 악재의 발생으로 인해 모멘텀이 해소되어 테마가 해체되면서 시장 내에 A, C 테마만 잔재하게 되는 경우이다.

**[B 테마가 소멸된 후에도 A, C 테마는 사이클을 유지하는 경우]**

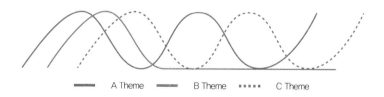

B 테마가 소멸된 이후 시장에 A와 C 테마만 남아 있게 되었고 A 테마와 C 테마 모두 원래의 사이클을 유지하는 자금 순환을 보여 준다.

위 모습과 달리 아래는 B 테마의 소멸을 미리 예측한 C 테마의 주도 세력이 사이클을 앞당기고자 한 템포 빠르게 반응하여 B 테마가 상승해야 하는 시기에 C 테마가 먼저 치고 올라오는 경우이다.

[B 테마가 소멸되며 C 테마의 사이클이 앞당겨진 경우]

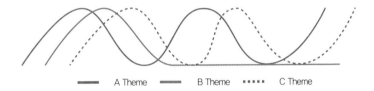

'A → B → C'와 같이 순환매의 순서가 있는 시장임에는 틀림없지만, 시장은 항상 정석적인 방향으로만 흘러가지 않는다. 그러한 경우가 바로 아래와 같은 경우인데, 특정 테마에 예상치 못한 악재가 발생하거나 특정 테마에 강력한 이슈가 발생하는 경우에는 테마 간 순환매의 정상적인 사이클이 꼬이게 된다.

[B 테마와 C 테마 모두 소멸되며 A 테마의 사이클이 앞당겨진 경우]

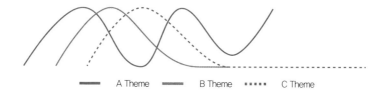

[A 테마에 이슈가 발생하면서 B 테마의 템포가 늦춰지고 C 테마는 소멸한 경우]

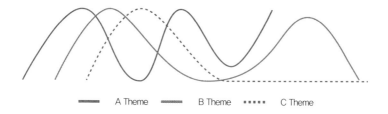

출처 : "테마간 순환매에 대하여" 티스토리 올라운더, 2019

주식시장에서도 순환매 패턴은 일어난다. 2020년 9월 이후 코스피가 2,300선에서 등락을 반복하면서, 'BBIG(바이오·배터리·인터넷·게임)'로 대표되는 주도주들은 조정을 받았었다. 이에 상대적으로 밸류에이션 부담이 적었던 업종들이 오르는 순환매 장세가 이어졌었다. 당시 순환매 속도는 이전보다 빨라지면서, 삼성전자 주가가 빠르게 상승했고, 화장품 등 중국 소비주의 주가도 뛰어올랐다. 추석 연휴 이후 첫 거래일에 LG생활건강은 9.46%, 아모레퍼시픽은 5.79% 급등했고, 유통 업종이 전반적으로 상승한 가운데 특히 백화점 관련 기업의 주가가 올랐다. 신세계는 당시 하루에만 5.52%, 현대백화점은 2.87%, 롯데쇼핑은 5.49% 상승했다.

이때도 모든 종목들이 돌아가면서 가격이 올라갔지만, 업종 내 종목 차별화는 존재했다. 그동안 주가가 덜 오르거나 조정을 받은 종목 중 성장 가능성이 보이는 기업만 올랐다. 암호자산 투자를 한 번이라도 해본 사람들은 이 글을 읽고 느끼는 바가 많을 수 있다. 알트코인들이 순환매 장세에 들어가면 약속이라도 한 듯이 돌아가면서 큰 폭으로 상승한다.

주식시장에서 업종별로 돌아가면서 상승이 일어나고, 그 업종 내에서 개별 종목 차이가 있는 것과 비슷하게 암호자산 시장에서도 그동안 덜 오른 자산들이 큰 폭으로 상승하는 경우가 많다. 이런 알트코인 순환매 장세는 암호자산 시장에만 있는 특별한 일이 아니다. 그렇기 때문에 이를 부정하는 것은 매우 중요한 요소를 놓치고 있는 것과 같다.

서울 부동산도 오르기 시작하면 빠르게 올라가는 지역이 생겨나고, 그 흐름에 편승하여 주변지역도 함께 오르기 시작한다. 최근 서울 부동산 규제로 인해 풍선효과로 지방 부동산이 오르는 것도 큰 관점에서는 위 순환매 장세와 크게 다르지 않다. 즉 자본이 움직이는 규칙은 모든 자산에 비슷하게 적용된다는 것이다.

아파트 가격에 비해 암호자산은 더욱 유동성이 좋다. 비트코인을 포지션으로 가지고 있던 사람들도 마음만 먹으면 바로 알트코인을 매수할 수 있다. 그러나 서울 아파트를 샀는데, 그 아파트를 바로 팔고 가격이 오르는 지방 아파트를 매수할 수는 없다. 때문에 암호자산이 훨씬 유동성이 크다는 것이다. 그렇기 때문에 비트코인이 크게 상승한 후, 알트코인들로 자금이 흘러간다는 것에 대해 이상하게 생각하기보다는 당연하다고 보는 것이 맞다.

저자는 이 당연하다면 당연한 자본 흐름에 편승하여 알트코인 강세장에서는 알트코인으로 수익을 냈고, 비트코인 강세장에서는 비트코인으로 수익을 내려고 노력했다. 하지만 저자 역시 이것을 100% 해낸다는 것은 불가능했고 그것은 누구도 불가능하다는 생각이 들었다. 그렇다면 저자는 어떻게 투자에서 성공해나갈 수 있었던 것일까?

# 가장 정확한 것은
# 인간 지표

처음 투자를 시도할 때 저자는 알트코인 상승 시기를 맞춰잡을 수 있을 거라는 생각을 했다. 그래서 알트코인 불장이라는 느낌이 들면 바로 매수를 했다. 예를 들면 보통 비트코인이 횡보할 때 알트코인 순환매 장세가 종종 일어나는데, 비트코인이 횡보하자마자 알트코인 매수를 통해 수익을 보려는 시도를 한 것이다. 멍청한 선택이었고 이 전략은 완벽한 실패였다.

어떤 코인이 언제 어떻게 급등할지는 예측할 수 없다. 비트코인이 횡보할 것이라고 예상하여 알트코인을 사두면 어김없이 비트코인 하락과 알트코인 큰 하락이 동반됐다. 이 방법은 매번 실패하는 방법이었기 때문에 절대 해서는 안 되는 방법이라고 단언할 수 있다. 그나마 유효한 전략은 향후 일어날 호재 일정을 점검하고 그 호재에 맞게 미리 투자를 해놓는 것 정도였다. 하지만 이 역시 호재를 무시하고 그냥 바닥으로 가격이 흐르는 경우도 많았기 때문에 별로 의미 있는 전략은 아니었던 것으로 평가한다.

**가장 유효한 전략은 '인간 지표'를 확인하는 것이었다.** 비트코인 지배력이 지나치게 올라갔을 때 대부분의 사람들은 비트코인에만 관심을 가진다. 왜냐하면 비트코인이 가장 안전한 암호자산이며 가격까지 많이 올랐으니 다른 알트코인에 관심을 가질 이유가 없기 때문이다. 그러면 많은 시장 참여자들은 알트코인들은 다 끝이 났다는 이야기를 한다. 정말 매번 겪는 시장상황이지만, 많은 사람들이 비트코인만 살아남을 것이고 알트코인들은 다 끝났다는 이야기를 한다.

이것은 위에서 말한 인간의 비합리를 반영한 확증편향 혹은 인과의 불일치 사례라고 볼 수 있다. 비트코인 가격만 올라갔기 때문에 비트코인만 가치가 있는 것이라고 착각하는 것이다. 대체로 많은 사람들이 비트코인만을 추종하고, 알트코인을 부정한다. 사실 이들은 알트코인 투자에 지쳐있는 것이다. 저자는 이때야 말로 비전 있는 알트코인을 골라내어 투자할 타이밍이라는 것을 알게 되었다. 알트코인 투자에 있어서 가장 좋은 방법은 시장 참여자들이 비트코인만을 추종할 때, 도미넌스 차트를 확인하여 비트코인 지배력이 많이 올라와 있다고 판단되었을 때가 저점인 경우가 대부분이었다. 그리고 그 시점에서 분할 매수로 매집을 진행하는 것이 가장 유효했다.

보통의 경우 비트코인이 큰 폭으로 하락하면, 알트코인들은 더 큰 폭으로 하락한다. 비트코인이 상승할 때 알트코인들이 더 큰 폭으로 상승하는 경우가 많기 때문에 더 크게 상승한 만큼 더 큰 하락을 맞는다. 비트코인이 하락을 끝낸 이후에도 알트코인들은 매우 큰 폭으로 하락하여 저점의 저점을 갱신하는 경우가 많다. 알트코인의 하락은 시장참여자들이 느끼기에 '끝이 없다'라고 느껴질 정도로 한없이 내려간다. 이건 알트코인에 크게 물려본 경험이 있는 사람이라면 모두가 공감할 수 있을 것이다.

매수 찬스라는 것은 이때 생기는 것이다. 알트코인 하락이 훨씬 컸기 때문에 많이 하락한 만큼 고무줄을 밑으로 크게 당겨 위로 쏠 수 있다. 밑으로 크게 언더 슈팅한 차트는 곧 위로 크게 오버 슈팅을 만들어낸다. 최근 '스와이프' 코인의 차트를 보면 알 수 있다. 그리고 저자가 관찰한 알트코인 불장의 형태는 계속 이런 식으로 만들어졌다.

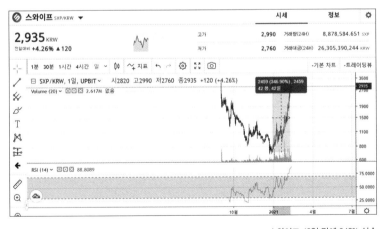

스와이프 42일 만에 346% 상승

서른살, 비트코인으로 퇴사합니다

# 사이클에 대한
# 이해를 바탕으로 한 교체 매매

암호자산 시장은 비트코인 강세장과 알트코인 강세장이 반복된다. 비트코인 상승이 크게 시작되면 알트코인들이 따라가는 듯하다가, 비트코인이 상승할 때는 조금만 상승하고 비트코인 하락 시엔 많이 하락하는 등 알트코인 수익은 비트코인을 못 따라가게 된다. 그래서 많은 사람들이 비트코인 투자에 몰린다. 거기다 비트코인 하락이 크게 나오면 알트코인들은 더 크게 하락한다. 그러고 나선 알트코인 하방 언더슈팅! 그 후 다시 반등하며 상방 오버슈팅! 이것이 지속되어온 비트코인과 알트코인의 상관관계이자 패턴, 단기 사이클이다.

이처럼 알트코인 하방 오버슈팅은 상방 오버슈팅을 만들어낸다. 이게 기본적인 비트코인과 알트코인의 가격 움직임 메커니즘이다.

이 사이클은 1년 안에도 1~2회 온다. 알트코인 하락기에는 비트코인을 들고 있고, 알트코인 상승기에 알트코인을 들고 있다면 어떤 장에서도 큰 수익을 얻을 수 있다. 하지만 이것은 탁상공론이다. 실제로 이것을 완벽하게 성공할 수 있는 사람은 아무도 없다고 생각한다. 하지만 조금이라도 확률을 높일 방법은 있지 않을까? 이런 고민에서 나온 방법이 '교체 매매'이다.

저자는 비트코인과 알트코인 비중을 동시에 가져간다. 그리고 비트코인 불장일 때는 비트코인 시장 지배력이 크게 상승하기 때문에, 이를 알트코인 매수의 신호로 삼아 아주 조금씩 비트코인은 분할 매도하면서 알트코인들을 분할 매수했다. 그리고 알트코인 불장이 왔을 때는 아주 조금씩 분할 매도하며 비트코인 수량을 늘려나갔다. 저자는 방송에서 이 방법을 '교체 매매'라 불렀다.

갑작스러운 큰 하락이 나올 때에도, 교체 매매를 한다. 많이 빠진 자산을 매도하는 것이 아니라, 덜 빠진 자산을 팔고 많이 빠진 자산을 산다. 그리고 오를 땐 많이 오른 자산을 매도하고 덜 오른 자산을 매수한다.

일반 투자자들은 많이 빠진 것을 판매하고, 덜 빠진 것을 매수한다. 이것을 행동심리학에서는 '손실회피' 경향이 있기 때문이라고 해석하는데, 앞서 말했듯 사람들은 이익보다 손해에 대해 더 크게 가치를 둔다. 그렇기 때문에 추가 손실을 회피하고자 매도를 하는 것이다. 그런데 결과를 놓고 보면 이 매매 방법은 정말 안 좋은 선택이 될 가능성이 높다. 매도 압박을 받을 만큼 공포를 느끼는 순간이라면 단기적-중장기적으로 현재 가격이 저평가 구간일 확률이 매우 높기 때문이다.

반대로 오른 자산을 매도하는 경우에는 큰 이익 없이 매도하는 경우가 있다. 지금까지의 분석으로 인해 어느 정도 식견을 갖추었다면 -30%까지는 잘 버틸지 모른다. 반면, +30%는 잘 버티지 못한다. 왜냐하면 -30%에서 손절을 하고 나오면 '손해'가 되어버리기 때문에 매도를 결정할 수 없고, +30%일 때는 손실이 아닌 수익 구간이기 때문에 이 수익이 더 내려가서는 안 된다는 두려움으로 매도를 결정한다. 인간의 비이성은 참 재미있는 영역이다. 그래서 이러한 버릇을 고치기 위해서는 각자의 투자 스타일을 명확하게, 철학을 명확하게 정립하는 것이 중요하다.

결국 4년 주기 사이클의 고점으로 향해가는 2021~2022년 구간에 위치한 지금, '매도'에 대한 리스크가 점점 커지고 있다. 이 시장이 큰 기회라는 것을 포착했고 반드시 잡아가겠다고 마음먹었는데, 포지션을 정리한 순간 급등이 나와버리면 다시 진입하기가 매우 애매해진다. 최후의 고점에서 하락할 때도 단기 사이클 조정이라고 착각하는 경우가 많기 때문에 이에 대해서는 끊임없는 고민이 필요하겠다.

비트코인 상승 사이클과 알트코인 상승 사이클이 맞물린 때에는 투자자로서 축제이다. 무엇을 투자해도 다 수익을 얻을 수 있을 정도로, 많은 자산이 상승하며 그 폭은 굉장히 크다. "눈 감고 투자해도 큰 수익을 낼 수 있다"라는 말이 나올 정도다. 더 정확히 말하면 매수해 놓고 눈을 감고 있어야 큰 수익을 낼 수 있다.

현재 저자가 글을 쓰고 있는 시점인 2020년 11월~2021년 2월 장세가 그러하다. 하지만 이 책이 출판된 이후에도 아직 많은 기회가 남아 있다. 그 기회를 잡을 수 있는 도움을 주는 책이니, 덮지 마시라.

# [2020년 2월 세력의 투자 일기]

알트코인들은 최저점의 최저점이라고 생각한 부분부터가 하락의 시작이다. 정말 끝없이 내려가는 게 알트코인이다. 알트코인은 반드시 일정 부분 상승 시점에서 매도를 해야만 한다.

2019년 비트코인 장세에서 많이 배운 부분이 있다면 구간별로 분할 매수, 분할 매도를 통해 이익 실현을 할 수 있는 절제력을 만들었다는 것이다. 그리고 엉덩이가 얼마나 무거워야 이 시장에서 이길 수 있는지를 체감했다. 그리고 그 과정 속에서 투자에 대한 기준과 철학을 만들었다.

비록 지금까지는 많은 수익을 얻지 못했지만, 다가오는 상승장에선 더 큰 수익을 얻을 수 있으리라 확신한다. 2015년부터 투자 6년 만에 겨우겨우 투자를 어떻게 해야 하는지 알아낸 것이다.

상승하는 코인을 따라가서 사지는 않는다. 미리 사둔 코인들이 올라가기를 기다릴 뿐이다. 그리고 알트코인을 크게 익절한 후에는 반드시 비트코인 매수를 통해 이익 실현을 해나가겠다.

2019년도 불장 때 깨달은 점 한 가지는, 비트코인을 팔고 알트코인을 사는 매매 전략은 상당히 위험할 수 있다는 것이다. 비트코인의 안정성과 상승률을 무시하면서 가져갈 코인은 많지 않다. 되돌아 봤을 때, 마지막에 쥐고 있을 비트코인 수량을 줄이는 선택이 될 가능성이 높다. 이건 마치 기회에 눈이 멀어 집을 팔고, 주식에 투자하는 것과 같다.

잃지 말아야 하는 것은 집만이 아니다. 비트코인 숫자도 잃어서는 안 된다. 사실상 안전자산인데, 이 비트코인을 잃으면서 투자하는 것은 좋은 선택이 되기 정말 힘들다.

제**7**장

# 돈을 벌고 싶으면
# 어떻게
# 투자할지를
# 고민하라

# 무엇에(what)보다 중요한
# 어떻게(how)

유튜브 채널을 운영하다보면 채팅이나 개인 메신저로 매수와 매도 포지션을 묻는 사람들이 굉장히 많다. 저자는 방송에서 리딩(Leading)을 하지 않는다. '매수와 매도'에 대한 가격 조언을 하지 않는다. 그 이유는 저자에겐 정답인 포지션이 구독자에겐 정답이 아닐 경우가 많으며, 구독자의 손실에 따른 책임 역시 질 수 없기 때문이다.

매수와 매도에 대한 생각, 시장에 대한 생각, 자산에 대한 생각, 시장 참여자로서 느끼는 시장의 분위기, 총자산의 현황, 암호자산의 포트폴리오 비중, 투자 경험, 투자자의 성향, 투자자의 투자 스타일 등 모든 것이 다르며, 구독자가 어떤 성향을 가진지 알 수 없기 때문이다. 나와 너무 다른 사람에게 같은 방법을 고수하게 한다는 것도 맞지 않은데, 투자에서 정말 일부분만을 차지하는 매수와 매도 의견을 준다는 것은 말도 안 될 정도로 어려운 일이다. 차라리 저자에게 돈을 맡기고 돈을 굴려준다면 가능한 일일 것이다. 하지만 카톡 메신저로 시시각각 변하는 시장환경 속에서 매수와 매도를 지도한다는 것은 말도 안 된다고 생각한다.

그래서 각자가 자신에게 알맞다고 생각되는 투자 방법을 찾아내야 한다는 것이다. 이 투자 방법을 찾아내는 과정이 투자 공부에서 가장 중요한 요소라고 생각한다. 보통 암호자산에 대해 공부하고 블록체인에 대해 공부하면 투자 성공으로 갈 수 있다고 생각하는 경향이 있다. 이 부분을 완전히 무시할 수는 없지만 저자는 이 부분보다 훨씬 중요한 부분이 투자 철학과 투자 방법에 대한 자기 확신이라고 생각한다. 만약 암호자산에 대해서 많이 아는 사람이 투자에 성공하는 것이라면, 블록체인과 암호자산 전문가들이 돈을 가장 많이 벌어야 한다. 하지만 지식을 많이 아는 것과 투자를 잘하는 것은 차이가 있다.

**투자에서 궁극적으로 성공하려면 투자 마인드와 투자 방법에 대해 스스로 연구해야 한다.** 저자 역시 2015년부터 시작한 주식시장에서 수많은 트레이딩 실패 경험을 했고, 2019년 비트코인 상승 직전에 코인장에 들어와서 수익을 보다가 수익분을 전부 반납하고 나서야 나에게 알맞은 투자가 무엇인가에 대해 깨달음을 얻게 됐다. 누군가가 알려준다고 자신도 한 번에 될 수 있다고 생각하기보다는, 정말 본인에게 무엇이 맞는지 왜 그래야만 하는지에 대해 당위성을 확보한 후 투자가 진행되었으면 한다는 메시지를 전하고 싶다.

투자 방법에는 여러 가지가 있다. 짧은 거래를 반복할 수도 있고, 길게 들고 있다가 팔 수도 있다. 저자는 저자만의 확고한 방법이 있다. 저자에게는 포지션 변화를 거의 주지 않으면서 가끔 가다가 한 번씩 매매를 하는 방법이 잦은 트레이딩 방법보다 잘 맞았다. 많은 투자자들이 수면제를 먹고 푹 자다가 일어난 후 확인하면 성공해 있을 것이라 추천한다. 이 말처럼 가장 좋은 방법은 포지션 변화를 최소화하는 것이라고 생각했다.

어떤 사람들은 끊임없이 사고팔기를 반복하며 재산을 늘려나간다. 이것에 성공하는 사람은 지극히 드물다고 생각하지만, 간혹 매수와 매도를 반복하며 슈퍼 개미가 되었다는 사람들도 있으니 완전히 없다고 부정할 수는 없다. 이런 초단기 트레이딩을 즐기는 트레이더의 눈에 저자 같은 장기투자자는 '기회비용'을 끊임없이 지불하는 바보처럼 보일 수도 있다.

이런 트레이더들은 장기 포지션을 가지고 가게 되면 마음이 불편하다. 이들도 몇 번은 장기 포지션을 시도해봤을 수 있다. 하지만 그때마다 마음이 불편하여 끝끝내 참지 못하고 손가락이 움직였을 것이다. 그럼 이런 사람들에게는 '투자 마인드를 바꿔야 한다'고 말하는 것이 정답일까? 아니다. 그것은 투자자 본인이 결정해야 하는 문제라고 생각한다. 장기투자도 나름의 리스크가 아예 없다고 할 수는 없다. 위에서 단기 트레이더들이 지적한 기회비용의 문제도 분명히 있으며 장기투자한 자산이 비전대로 가지 않고 중간에 문제가 발생한다면 그때의 위기는 어떻게 감당할 것인가? 저자의 방식이 정답이라고 말하고 싶지 않다.

하지만 그럼에도 많은 투자자들이 쉽게 수익을 낼 수 있는 방법은 장기투자라고 생각한다. 그리하여 저자가 어떤 방법으로 장기투자를 진행하고, 좋은 투자를 하기 위해 어떤 트레이딩 법을 이용하는지 자세히 서술하고자 한다.

# 다양한
# 투자 방법

**❶ 레인지 트레이딩**(Range Trading)

가격의 고점과 고점을 연결한 선과, 저점과 저점을 연결한 선을 그어 채널을 만든다. 가격이 저점을 연결한 선과 가까워지면 매수하고, 고점을 연결한 선과 가까워지면 매도하는 매매기법이다. 저자가 세력 방송에서 자주 사용하는 기법이다.

거시적 관점에서 차트 저점인 부분은 '악재'와 '공포' 혹은 시장상황이 '최악'인 경우에 해당한다. 그리고 고점인 부분은 '호재'와 '환희' 혹은 시장상황이 '최상'인 경우에 해당한다. 앞서 말한 채널을 만든다면 '시점별 최악의 상황과 최상의 상황 기준'을 만들수 있다.

차트의 종목이 '성장하고 있는 자산'이라는 가정을 하나 한다면 매우 유용한 투자법이 될 수 있다. 최악의 상황을 이은 추세에 닿으면 저점에 가까운 것이고, 최상의 상황을 이은 추세에 닿으면 고점에 가까운 것이기 때문이다.

특히 장기 트레이딩 관점에서 매우 유용한 방법이라고 판단한다. 위 차트는 주식시장의 삼성전자 차트인데, 이 회사가 지속적으로 성장하고 있고 앞으로도 성장할 것이라고 판단을 내렸다면 차트를 열어 저점과 저점을 이어보시라. 그리고 고점과 고점을 이어서 차트를 만들어 보시라.

위 차트를 보자. 2008년 금융위기 이후 현재까지, 저점을 찍었던 점들을 잇고 고점을 찍었던 점들을 이어서 추세 선을 만들었다. 최근 10년은 고점 추세 선에 닿을 때마다, 주가도 고평가 영역이었고, 그럴 때마다 매도를 하는 것이 좋은 선택이었다. 물론 지금도 고평가 영역일 것인가에 대해서는 따로 생각을 해보아야 한다.

이 매매법이 의미가 있으려면 다음과 같은 조건을 충족해야 한다. 그러나 이 3가지는 대부분의 사람들이 동의할 수 있는 부분일 것이다.

① 자산 혹은 기업의 성장속도가 달라지는 경우도 있지만, 그것이 빈번하지는 않다.

② 기업이 계속 성장하여도 주가는 Up & Down을 반복한다.

③ 자산이나 기업에 큰 문제가 생길 순 있어도 생존을 위협할 정도의 문제가 자주 발생하지는 않는다.

[2012~2024년 비트코인 차트]

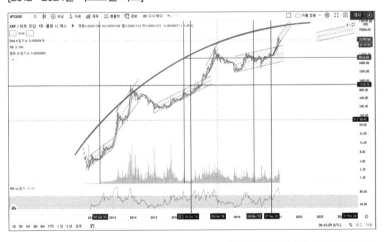

상승부(채널 지점)와 상승 최고점(색깔 선 지점)

저자는 해당 매매 전략이 유효하다고 판단하여 차트를 해석할 때 많은 비중을 두고 있다. 이 방법으로는 종목의 저점과 고점을 예상할 수 있게 된다. 유용하지 않은가? 저자는 이러한 방법을 통해 비트코인 차트를 위와 같이 그렸고, 세력 방송에서 매일 언급하고 있다.

차트를 보고 투자하는 것에 대해서 완전히 부정하는 사람들도 분명히 있다. 그들의 주장에는 일리가 있다. 차트는 과거의 지표이기 때문에 미래를 예상하는 데 도움이 되지 않는다고 이야기한다. 그리고 이렇게 얘기하는 사람은 꽤 많다. 과거는 과거일 뿐 시시각각 변하는 미래의 삶에서 중요하지 않다고 말이다.

언뜻 보면 이 말은 맞는 듯하지만, 저자의 견해로는 과거 차트에는 많은 정보가 담겨 있다. 그리고 그 정보는 투자에 있어 많은 도움이 된다. 차트는 해당 시점에 시장참여자들이 느꼈을 심리를 반영한다. 공포로 사로잡혔었는지, 환희에 차 있었는지 알 수 있다. 그리고 당시 있었던 호재와 악재를 보고 사람들이 어떻게 반응했는지를 알 수 있다.

예를 들면 거래소 상장이라는 이슈가 있을 때마다 많은 코인들이 급상승하는 경향이 있다. 우리는 이 정보를 각 코인들의 차트를 통해서 확인할 수 있다. 만약 업비트나 코인원 같은 대형거래소에 상장할 게 분명한 코인이 있다면, 그리고 그 코인을 미리 사둘 수 있다면 어떤 선택을 할 수 있을까? 매수 결정을 내리는 것이다.

**❷ 패턴 트레이딩**(Pattern Trading)

과거 데이터를 바탕으로 종목의 가격이 만드는 특정한 패턴을 파
악해 매매하는 방식이다. 이 방법 역시 저자가 사용하고 있는 방
법이다. 차트는 누군가 의도적으로 그려놓은 것처럼 비슷한 패턴
이 반복된다. 다음 예시 차트를 보며 종목 가격의 패턴에 대해 알
아보자.

[BSVUSD 차트]

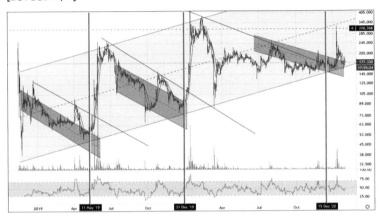

'BSVUSD 차트'란 '비트코인SV(BSV) 코인 종목의 US달러(USD)
매매가격 차트'라는 의미이다. 위 차트에 짙은 색 채널을 만들어
하락 구간을 표시해주고, 4~5배의 급등이 나오기 전 구간에 색깔
선을 그어주었다. 이 종목의 패턴을 살펴보면 하락 전 급등을 한
번 주고, 다시 가격이 밑으로 흐른 후, 재상승 시 크게 올라가는 모
양새라는 걸 알 수 있다.

**[XRPBTC 차트]**

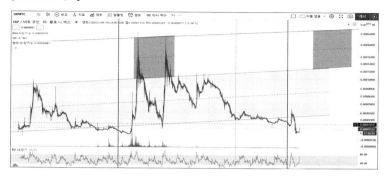

'XRPBTC 차트' 또한 '리플(XRP) 코인 종목의 비트코인(BTC) 매매 가격 차트'라는 뜻이다. 리플은 급등이 나오기 전 항상 크게 아래로 흘러주는 패턴이 나왔다. 이번에 만약 리플이 한 번 더 큰 상승이 나와주면서 짙은 색 채널 부근까지 터치할 것이라고 예상을 하고 매수를 한다면, 현재 설명 중인 패턴 트레이딩에 입각한 매매법이 될 것이다.

**[비트코인 도미넌스 차트]**

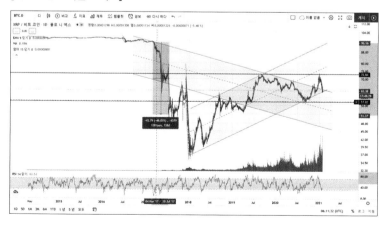

비트코인 지배력이 2017년 3월 크게 밑으로 하락하면서, 알트코인 불장이 오게 되었다. 도미넌스 차트란 해당 종목이 전체 암호자산 시가총액에서 차지하는 비율을 나타내는데, 알트코인 대비 비트코인 시장점유율이 올라가면 도미넌스 값은 올라가게 된다. 즉 알트코인보다 비트코인이 가격 흐름이 좋으면 도미넌스 차트는 상승하고, 알트코인 가격 흐름이 좋으면 도미넌스 차트는 하락한다.

개인적인 견해로는 앞으로도 알트코인 불장은 똑같지는 않아도 2017년과 비슷한 패턴으로 올 수 있으리라고 보고 있다. 패턴대로 흘러가지는 않지만, 반감기 이후 급격한 상승이 나온다는 점, 비트장과 알트장이 반복된다는 점 역시 거시적 관점에서의 패턴 트레이딩이라고 할 수 있다.

알트코인 순환매 상승 장세에서의 패턴 역시 비슷하다. 시가총액이 큰 자산이 상승하기 시작하면 다른 종류의 자산들도 상승하기 시작하고, 같은 테마로 묶을 수 있는 코인 중 하나가 크게 상승하기 시작하면 해당 테마의 코인들이 상승하기 시작한다. 패턴 트레이딩 역시 100% 승률을 가져오는 매매법은 아니지만, 거시적 관점에서 판단할 때 큰 도움이 된다고 생각한다.

❸ 포지션 트레이딩(Position Trading)
금융시장에서 리스크 헤지(Risk Hedge : 위험 대비)를 목적으로 행하여지는 거래를 말한다. 포지션을 유지하는 기간은 몇 개월부터 몇

년까지 다양하다. 저자가 사용하고 있는 방법 중 하나이다. 비트코인과 이더리움(60%), 클레이튼과 오르빗체인(30%), 기타 알트코인들(10%) 저자가 느끼는 리스크와 기회의 크기만큼 분산과 집중을 하였다. 그리고 이 포지션을 끌고 가면서 시황에 따라 조금씩 교체 매매를 한다.

저자의 판단으로는 2020년 하반기부터 비트코인 장기 사이클이 상승 사이클로 넘어왔다. 포지션 변경을 진행하는 것 자체가 굉장히 위험할 수 있고, 그러한 리스크를 감수할 이유가 없다고 판단했다. 웬만하면 현재 포지션을 그대로 가져가는 것이 가장 좋은 트레이딩 법이라고 생각하기에 큰 포지션 변화를 줄 계획은 없다. 그리하여 이번 상승 사이클에 거품이 끼기 시작할 때쯤부터 분할 매도를 진행할 계획이다.

❹ 스캘핑(Scalping)

금융시장에서 하루에도 수십 번, 수백 번 이상 분·초 단위로 거래를 하며 아주 적은 단기 차익을 얻는 초단타 매매 기법이다. 주로 거래량이 많고 가격 변화가 빠른 주식시장에서 행해진다.

스캘핑을 정말 잘하는 사람들은 따로 존재한다. 여러 가지 기술적 분석들을 바탕으로, 초단기 패턴을 예상하여 이 안에서 이익을 낸다. 저자도 암호자산 투자 초창기에 스캘핑을 시도해본 경험이 있다. 국내 거래소 중 4대 거래소라고 불리는 대형 거래소는 빗썸,

업비트, 코빗, 코인원 4가지이다. 저자는 각 거래소의 거래량이 가장 큰 거래소와 가장 작은 거래소의 가격을 비교하며, 가격 흐름이 큰 거래소의 가격을 작은 거래소가 뒤늦게 따라간다는 것을 발견했다. 그래서 가격 흐름이 먼저 가는 거래량이 많은 거래소의 가격 흐름을 선행지표로 판단하고, 1분봉 차트의 이동평균선 흐름과 RSI(Relative Strength Index : 상승·하락 압력 지표)를 통해 매수와 매도 시점을 정했다.

결과적으로 몇 번 성공하여 좋은 방법이라고 잠깐 생각했지만, 이 방법의 문제는 승률이 좋더라도 100%란 존재할 수 없으며 1번이라도 실패할 때 오는 리스크 관리가 어렵다는 것이었다. 스캘핑은 이익을 보고 매도하는 익절과, 손해를 보고 매도하는 손절을 반복하면서 익절 금액과 승률을 높여나가는 것인데, 여간 힘든 점이 아니었다. 9번 익절을 해도 1번의 손절로 모두 날려버리기 일쑤였다. 이 방법으로는 큰돈을 벌기는커녕, 많은 시간과 노력이 필요하겠다는 생각에 다른 방법을 택하기로 했다. 참고로 저자가 2015년 주식시장에서도 진작에 크게 실패한 방법이었다. 저자와 이 방법이 그냥 안 맞는 것일 수도 있다.

**❺ 데이 트레이딩(Day Trading)**

가격의 유동성과 변동폭이 큰 자산을 찾아 매수한 뒤 당일 내로 매각하여 차익을 얻는 매매기법으로 당일 매매라고도 한다. 데이 트레이딩은 하루라는 기준을 두고 매매하는데, 저자는 이 방법의 장점을 찾지 못하였다. 주식시장에서는 변동성이 심한 오전 9시와 장마감 직전 14~15시 정도를 이용하는데, 다음날 장초에 전날 장마감 중에 생긴 큰 변동성으로 손실을 볼 가능성을 염두한 투자 기법인 것으로 보인다. 그렇기에 데이 트레이딩은 24시간 진행되는 암호자산 투자에서 이점이 있기보다는, 핸디캡을 갖게 된다는 생각이 들어서 군이 시도조차 하지 않았다.

**❻ 스윙 트레이딩**(Swing Trading)

자산의 가격변동 주기에 따른 이익을 내기 위해 종목을 하루에서 며칠 정도 보유하는 투자 방법이다. 가격변동의 주기가 비규칙적일 경우 손실 위험이 높다. 투자자들이 일반적으로 가장 많이 하게 되는 방법이지 않을까 싶다. 각자의 판단에 의해 가격이 조금 내려갔다는 판단이 서면 매수하고, 며칠 후 이익이 생기면 매도를 한다. 2015년 처음 주식투자를 시작했을 때, 저자도 스윙 트레이더로 시작했던 것이 기억난다.

스윙 트레이딩과 앞서 설명한 스캘핑을 함께 진행하는 사람들이 많은데, 스캘핑과 마찬가지로 스윙 트레이딩 역시 익절과 손절을 반복하며 승률을 높이는 형태로 이익을 취한다. 앞서 살펴봤던 스캘핑과 같이 스윙 트레이딩 역시 9번의 익절을 1번의 손절로 전부 잃게 되는 경우가 많다. 또한 당일의 가격 흐름에 대해 끊임없이 봐야 하기 때문에 스캘핑만큼은 아니지만 많은 시간 투자를 필요로 한다.

주의할 사항으로는 스윙 트레이딩을 진행하다 매도 시점을 놓쳐서, 오랜 기간 돈이 묶여버리는 투자자들이 굉장히 많다. 본인이 스윙 트레이딩을 하기로 마음먹었다면, 손절과 익절에 대한 기준이 분명해야 한다. 대부분의 투자자는 대니얼 카너먼이 주장했던 '손실회피 효과'에서 자유로울 수 없기 때문에 익절할 때는 길게 가져가지 못하고, 손절할 때는 계속 들고 가는 경향이 있다.

익절을 못해서 이익이 커지는 경우는 적지만, 손절을 놓쳐서 손해가 커지는 경우는 부지기수이다.

간혹 가다가 스윙 트레이더로 성공하고 있지 않음에도 불구하고, 스스로 성공하고 있다고 착각하는 경우가 있다. 시장이 상승장일 때는 감으로 매수와 매도를 해도 대부분 성공적으로 이익이 난다. 이걸 초보 투자자들은 본인의 실력이라고 착각하는 경우가 많은데, 이건 시장이 가파르게 우상향하기 때문에 일어나는 일이지, 본인의 실력이라고 보기 힘들다.

만약 초기 투자금액으로 몽땅 비트코인을 매수했을 때의 비트코인 보유 수량과 트레이딩이 끝난 후 금액으로 비트코인을 매수했을 때 비트코인 수량을 비교해보라. 트레이딩을 하는 동안 비트코인이 더 가파르게 늘어났다면, 어렵게 트레이딩할 이유 없이 그냥 비트코인을 사서 가만히 들고 있었던 것이 나았던 것이다.

그래도 그나마 돈을 잃지 않았다면 다행인 것이다. 스윙 트레이딩으로 성공하기 위해서는 본인만의 정확한 기준이 있어야 하고, 그 기준을 정확히 지켜나가는 연습이 필요하다. 이 방법 역시 저자의 스타일과는 맞지 않는다. 포지션의 잦은 변경은 더 큰 이익을 놓치게 한다.

## ➐ 역추세 트레이딩(Contrarian Trading)

가격이 지속적으로 상승하고 있을 때 하락하는 순간이 있을 것, 혹은 가격이 지속적으로 하락하고 있을 때 상승하는 순간이 있을 것이라는 전제 하에 추세와 반대되는 포지션을 구축하는 매매 방식이다.

상승이 지속되다 보면 '숏 포지션'으로 하락에 베팅하는 사람들이 많아지고, 하락이 지속되다 보면 '롱 포지션'으로 상승에 베팅하는 사람들이 생기는데 이것이 역추세 트레이딩의 예이다.

하지만 '상승이 지속되고 있다'라는 말은 상당히 주관적이다. 일봉 기준으로 4번 연속으로 상승하면 이것은 지속 상승으로 볼 것인가? 아니면 8번 연속으로 상승하면 이것은 지속 상승인가? 아니면 1분봉 기준으로 30회 연속 상승하면 이건 상승이 지속되고 있는 것인가? '지속되고 있다'라는 것에 대한 생각엔 지극히 주관이 개입되기 때문에 판단이 어렵다.

투자는 철저한 이성의 영역이며 감정의 영역을 이성으로 죽일 수 있어야 좋은 투자자가 될 수 있다고 생각한다. 그러나 역추세 트레이딩은 주관이 크게 개입하기에 감정을 누르기 어려운 투자 방법이다. 역추세 트레이딩을 위한 판단 지표로 RSI 등을 활용할 수 있겠지만, 저자는 실패 확률이 높은 전략이라고 생각한다.

**❽ 박스 트레이딩(Box Trading)**

자산 가격은 일정 기간 동안 고점과 저점을 반복하며 사각형의 박스를 만들게 된다. 가격이 박스의 상단을 돌파하면 가격 상승을 기대하며 자산을 매수하고, 가격이 박스 하단을 돌파하면 가격 하락을 예상하며 자산을 매도하는 매매기법이다.

박스를 그린 다음 그 박스 하단에 터치하면 매도, 상단에 터치하면 매수하는 방식이다. 이 방법을 사용하는 투자자들도 많다. 하지만 박스 트레이딩의 단점은 박스의 하단이 상승으로 가는 시작점이었을 수도 있고, 상단이 하락으로 가는 시작점이었을 수도 있다는 것이다. 저자가 별로 좋아하는 방법은 아니다.

**❾ 추세 트레이딩(Trend Following)**

트렌드를 쫓아 매매를 하는 방식으로 가격이 상승하고 있는 자산은 상승 추세가 지속될 것이라는 전제로 인기 있는 자산을 사고, 인기 없는 자산은 파는 방법이다.

추세 분석을 활용하면 단기적 가격 흐름 예상에 좋을 수는 있다.

전 고점을 돌파하는 지점, 저항선(매도 주문이 몰려 있는 가격 구간)을 강하게 돌파하는 지점 등에선 단기적 상승을 예상할 수 있다. 반대로 전 고점을 돌파하지 못하거나, 저항선에 여러 번 막혀 뚫지 못한다면 단기적 하락을 예상할 수 있다.

하지만 저자는 이 역시 개인적으로 지양한다. 기술적 분석을 통한 매매는 익절과 손절의 확률 게임으로 이어진다. 또한 우상향할 것이 확실하다고 판단되는 자산은 위 규칙에 맞지 않게 상승하는 모습을 보인다.

# 저자의
# 투자 방법

투자로 돈을 벌기 위해서는 반드시 위에 나온 트레이딩 방법 중 본인과 맞는 방법을 하나 택해야 한다. 저자는 물론 저자와 같은 방식으로 투자해보는 것은 어떻겠느냐고 제안하고 싶지만, 투자에 정답은 없다고 생각한다. 하지만 저자의 투자 방법은 일반인 개미 투자자들, 특히 직장인들이 실천하기 가장 좋은 방법 중 하나가 될 수 있다고 생각한다. 저자 역시 직장을 관두기 전에는 하루 10시간 근로를 하며 트레이딩에 가용할 수 있는 시간이 얼마 없었다. 그런 상황에서도 마음 편하게 투자할 수 있는 방법은 이 방법이었다.

저자가 사용하는 방법은 다음과 같다.

① 단기 사이클과 장기 사이클을 살펴본다.

② 투자를 결정한 자산에 대해 조사하고 가치를 평가한다.

③ 레인지 트레이딩 분석법으로 차트를 분석한다.

④ 해당 자산의 가격 움직임 패턴을 살펴본다.

⑤ 매수 포지션을 잡고 상승할 때까지 기다린다.


좀 더 구체적으로 말씀드리면.

**❶ 단기 사이클과 장기 사이클을 살펴본다**

앞서 말한 '비트코인 4년 사이클'이 코인판의 장기 사이클이다. 장기 사이클 안에서 하락장인지 상승장인지를 우선 살피고, 하락장이라면 비트코인 도미넌스를 살피면서 비트코인과 알트코인 중에 더욱 약세장인 것을 매수 선택한다. 상승장일 경우 역시 마찬가지로 도미넌스를 살피고 기존에 비트코인의 시장 지배력이 얼마나 많이 올라왔는지, 과거 패턴은 어땠는지를 살펴본다.


**❷ 투자를 결정한 자산에 대해 조사하고 가치를 평가한다**

자산을 발행한 회사가 어떤 곳이고, 실체가 있는 곳인지를 파악한다. 실제로 실체가 없는 코인들도 정말 많기 때문에, 제대로 공부하고 파악해보아야 한다. 또한 블록체인 내에서 어떤 비전을 가지고 있는지 살핀다. 그리고 그 비전대로 제대로 실행되어 왔는지 살펴본다. 특히 코인 발행사에 투자한 기업들을 조사하다보면, 향후 코인이 어떤 식으로 흘러갈지에 대해 예상할 수 있다.

디카르고 19일 만에 약 1000% 급등

예를 들어 최근 업비트에서 급등한 디카르고 코인을 예로 들 수 있다. 신뢰할 수 있는 회사들과 제휴가 되어 있는지, 그리고 해당 코인이 실제로 어떤 쓰임이 있는지를 연구해본다면 좋은 투자처를 발굴하여 좋은 기회를 얻을 수 있다.

출처 : 디카르고 홈페이지

서른살, 비트코인으로 퇴사합니다

디카르고 공식 홈페이지에서 확인할 수 있는 내용이다. 어떤 브랜드와 어떤 네트워크를 맺고 있는지 설명되어 있다. 실제로 해당 기업에 투자한 국내 회사로 카카오 investment, 롯데 글로벌 로지스틱스 외 VC 2곳을 확인할 수 있다.

누구나 시간을 들여 공부한다면 도전해볼 수 있는 내용이다. 저자는 이런 방법으로 클레이튼, 오르빗체인, 디카르고, 칠리즈 등 다양한 코인을 발굴하여 큰 수익을 낼 수 있었다.

하지만 정말 제대로 공부해볼 생각이 아니라면, 비트코인만이라도 제대로 공부해, 비트코인 매수와 매도만 하더라도 충분히 기회를 잘 잡을 수 있으리라 생각한다.

❸ 레인지 트레이딩 분석법으로 차트를 분석한다

월봉 혹은 주봉으로 장기 차트를 보며, 저점과 저점을 잇고 고점과 고점을 이어 채널을 형성한다. 채널의 영역을 위아래 반으로 나누는 선을 하나 더 긋는다. 우선 채널이 우상향하고 있는지를 본다. 채널 자체가 아래로 숙여가는 모양새라면 투자해서는 안 된다. 그리고 현재 코인의 가격이 채널의 아래 영역에 있는지 확인한다. 채널의 아래 영역에 현재 가격이 있으며, 가치평가적으로 향후 블록체인 내에서 역할을 할 수 있다고 여겨지면, 그 코인은 현재 저평가되어 있는 코인이다.

❹ 해당 자산의 가격 움직임 패턴을 살펴본다

안정감 있게 우상향하는 코인이 가장 마음 편한 투자가 가능한 코인이다. 예를 들어 비트코인이이나 이더리움은 꾸준히 우상향하는 편이지만, 리플 코인 같은 경우에는 상승할 때 한 번에 오르는 경향이 있었다. 앞서 살펴보았던 BSV 코인도 비슷했다. 암호자산 시장에서는 이렇게 자신만의 패턴으로 오르는 자산들이 존재한다. 이러한 패턴이 생기는 원인에 대해서는, 특정 자본 세력의 개입이 있었다는 주장도 있고 우연의 일치라고 주장하는 사람들도 있다. 하지만 분명한 건 차트라는 것은 투자자들의 심리 반영의 결과물이고, 그 움직임에 비슷한 포인트들이 있다면, 우연이든 세력의 개입이든 투자에서 유의미한 성과를 내는 데 도움을 받을 수 있다는 것이다.

❺ 매수 포지션을 잡고 상승할 때까지 기다린다

포지션을 잡았으면 그냥 기다리는 방법밖에 없다. 많은 투자자들이 실수하는 것이 내가 가지고 있는 자산은 상승하지 않는데, 나에게 없는 자산이 상승하는 것을 보면 그 '상대적 박탈감'을 이기지 못하고 매도한다는 것이다. 상대적 박탈감을 이겨내는 것은 장기 투자자에게 있어서 가장 중요한 자질 중 하나가 될 것이다. 왜냐하면 이 상대적 박탈감은 엉덩이가 무거운 투자자가 되는 것을 방해하기 때문이다. 이 상대적 박탈감에 대한 이야기는 뒤에서 더 다루기로 하겠다.

말을 어렵게 써놨지만, 한 문장으로 요약하면 올라가지 않은 자산을 매수 후 기다린다고 정리할 수 있겠다. 워렌 버핏이 "수면제를 먹고 오랜 기간 잠들어 있으면 투자에서 성공한다"고 말했던 것처럼 위에 설명한 것들 또한 '세력식 수면제 투자 방법'이라고 말할 수 있다. 수면제를 먹기 전 진입 시점에 대한 판단기준들이다.

대부분의 투자자는 이런 개념이 없기 때문에 매매에 기준이 없다. 초보 투자자가 많이 물어보는 질문 중 하나가 '무엇에 투자하면 되나요?'이다. 무엇에 투자하는지도 물론 중요한 문제이긴 하지만, 어떻게 투자할 것인지도 매우 중요한 문제이다. 그래서 트레이딩 방법을 정하고, 기준대로 매매하는 것이 매우 중요하다. 그렇다고 그 트레이딩 방법을 누군가 딱 정해줄 수는 없다. 왜냐하면 투자 종목에 따라 맞는 스타일이 있고, 안 맞는 스타일이 있기 때문이다. 해당 자산에 대해 믿음이 크면 장기적으로 가져갈 수 있는 것이고, 믿음이 부족하여 단기 변동성만을 노린다면 짧게짧게 끊어 이익을 취하는 것이 더 나을 수도 있다. 그리고 장기 흐름 안에서 자기 통제가 되는 사람이 있는 반면, 단기 통제가 잘 되는 사람이 있다. 그래서 단타와 장타 모두가 유효한 방법이 될 수 있는 것이다.

다만 주의할 사항은 포지션을 잡고 기다리는 투자 외에, 단기 트레이딩과 같은 기술적 투자는 더욱 여러 가지 욕망을 절제하고 이성으로 감정을 막는 연습이 필요하다는 것이다. 아니면 투자에 감이 일반인보다 몇 배 혹은 몇 십 배는 좋아야만 한다. 그렇지 않다면 계속 오르는 자산에 투자하더라도, 돈을 벌기 쉽지 않을 것이다.

[비트코인 차트]

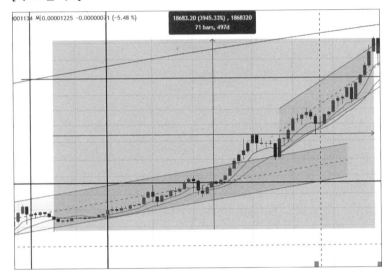

위 차트를 보면 2016~2017년도 비트코인 차트는 계속 우상향을 했다는 걸 알 수 있다. 그냥 우상향이 아니라 엄청 가파른 우상향이다. 가만두기만 했으면 4000%, 40배의 엄청난 수익을 얻을 수 있었다. 그런데 왜 패가망신한 사람들이 생겨난 것일까? 실패한 비결이 뭔지 묻고 싶을 정도가 아닌가? 왜 계속 오르기만 하는데 수익을 내지 못했을까? 그들은 바보였을까? 투자를 처음해서 그럴까? 아니다. 인간이란 그렇다.

그럼 이 차트를 봐 보자.

만약, 비트코인 투자자라면 위 차트처럼 30% 하락이 나왔을 때 어떤 생각이 들 것 같은지 한번 생각해보시라. 본인이 들고 있는 자산이 3분의 2토막 났을 때, 멀쩡한 투자자가 많이 있었을까? 이런 구간에서 대부분의 투자자들은 겁에 질려 매도를 선택하게 된다. 그런데 그 다음 가격 흐름은 아래와 같다.

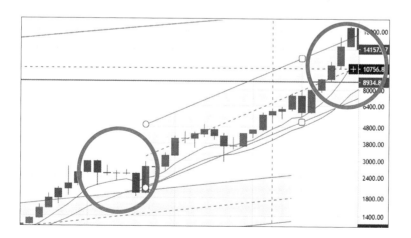

큰 하락이 있고 나서 바로 큰 상승이 있었다. 30% 하락을 메우고 바로 급등을 한다. 그리고 그 후 9배 정도의 상승을 한다. 이것이 투자의 어려움이다. 한 치 앞도 알 수 없기 때문에 겁먹고 매도를 선택하면, 무섭게 가격이 올라가고 따라서 사게 되면 무섭게 떨어진다. 모든 자산의 가격이 Up & Down을 반복하지만, 그 과정 속에서 두려움으로 인해 잘못된 선택을 반복한다.

환희에 차 있던 사람이 큰 하락을 맞게 된다면, 어떻게 생각할까? 대부분의 일반 투자자들은 '지금이라도 번 돈을 빼서 두고 보자'라는 심리를 갖는다. 이게 인간의 본성이다. 하지만 다음날 급등이 일어난다. 그래도 두고 보기로 했으니 두고 본다. 계속 올라간다. 두고 보다 못해 매수를 한다. 그 다음날 또 떨어진다. 2016~2017년도에 비트코인 투자를 하며 돈을 잃은 사람들은 이렇게 잃은 것이다. 놀랍지만 정말 이 내용과 다르지 않다. 대부분이 그러하다.

그렇다고 계속 버틴 사람들은 어떻게 되었을까?

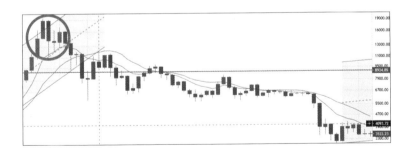

서른살, 비트코인으로 퇴사합니다

그렇다. 엄청난 하락과 함께 2만 달러 근처였던 비트코인은 3,500 달러까지 내려가게 된다. 모든 자산의 사이클이 끝날 때, 가장 많은 거래량과 상승률을 수반하는데 그 순간에 많은 사람들이 환희에 찬 상태로 매수 포지션에 들어가고 하락 사이클을 맞이하게 된다.

'언젠가는 오르겠지'라는 생각으로 '일단은 버티자!'라고 다짐한다. 그리고 카톡방을 전전긍긍하며 '가즈아~!'를 외치다가, 끝없는 하락에 많이 좌절한다. 그리고 정말 오랜 기다림 속에 지쳐서 시장을 떠나면 그 순간 이후부터 가격이 다시 상승하기 시작한다. 너무나 안타까운 이야기다. 하지만 정말 우리 모두가 겪는 일이고 전 세계 곳곳에서 일어나고 있는 일이다. 좋은 투자 기회를 만났음에도 불구하고, 이러한 흔들림은 큰 기회를 놓치게 만든다. 그래서 투자를 실행하기 전에 갖춰야 하는 것은 본인의 투자 스타일과 철학이다.

독자님은 장기투자자인가? 단기투자자인가? 트레이더인가 아니면 투자자인가?

이러한 것들을 종합적으로 판단하며 본인에게 무엇이 맞을지 선택해야 한다.

저자는 장기투자를 바탕으로 사이클에 맞춰 교체 매매를 한다. 데이 트레이딩이라든가, 스윙 트레이딩은 정말 좋은 기회가 발견되었을 때, 조금의 물량으로 진행한다. 이것은 돈을 벌기 위한 행위라기보단,

고단한 장기투자의 길을 걷다 만난 즐거운 이벤트에 참여하는 것에 불과하다. 돈을 벌 생각으로 하는 트레이딩이 아니다. 왜냐하면 단기 성 트레이딩보다 장기투자가 훨씬 더 큰 수익을 준다고 내 스스로 결론을 냈고, 결과가 나왔기 때문이다.

저자는 단기 투자가 틀렸다고 말하고 싶은 것이 아니다. 본인만의 투자 기준이 있고, 명확하게 그것을 지킬 수 있다면 상황에 맞게 트레이딩을 하는 것은 잘못된 것이 아니다. 오히려 정말 뛰어난 극히 소수의 트레이더들은 이렇게 거래를 하며 큰 수익을 낸다. 다만 대부분의 사람들은 정말 뛰어난 극소수의 트레이더가 아님에도 불구하고 단기 트레이딩을 한다. 그리고 장기투자자가 되었다가, 단기투자자가 되었다가를 반복한다. 일반적으로 단타 왕으로 시작하여, '나 좀 투자에 재능 있는 것 같은데?'라는 생각으로 지속하다가 매수한 종목의 가격이 하락하며 물리게 되면 장기투자자로 전환한다. 그리고 '난 원래 가치투자자이며, 장기투자자였어'라고 자산이 물린 것에 대해 스스로에게 당위성을 부여한다.

# [2020년 2월 세력의 투자 일기]

최근 강력한 조정이 있었다. 알트코인들은 30~40%는 되는 조정을 입었다. 중소형 알트들은 거의 최고점 대비 반토막까지 났다. 패닉셀이 너무 심해서 하락이 정말 어마어마하다. 암호자산에 투자하면서 일반 개미 투자자들의 심리, 그리고 나의 심리가 얼마나 쉽게 요동치는지를 이해할 수 있게 되었다.

사실 나는 지난해부터 암호자산 시장에서 공부하고, 연구하며 큰 레벨업을 할 수 있었다. 그리고 이번 상승장에서 큰 수익을 낼 수 있었다. 하지만 아직도 많이 모자라다. 마음이 완전히 편하지는 않다. 그러나 마음이 편해야만 버틸 수가 있다. 시장에 확신은 있으나, 대출 자본이 내 마음을 조급하게 만든다. 대출 만기일 도래를 상상하면 마음이 조급해지는 것 같다.

모두가 패닉셀에 빠질 때는 절대 매도해서는 안 된다. 그런데 불안함이 마음속에 있으니 매도 욕구가 든다. 절제하자. 인내하자.

# 제8장

# 종목 선정 기준과 매수 · 매도 기준을 정하라

# 투자 종목 선정을 위한
# 정보 수집

　투자 철학을 세웠다면 무엇을 투자할 것인지에 대해 제대로 살펴
봐야 한다. 저자는 '어떤 코인에 투자를 해야 하나요?'라는 질문을 가
장 많이 듣는다. 저자는 주로 '비트코인'이라고 대답한다.

　비트코인은 저자의 관점에서 안정적으로 수익을 줄 수 있는 디지
털 금이다. 시간이 갈수록 가격이 올라가고 희소성이 더해질 것이라
고 보고 있지만, 그 외에도 사실 좋은 자산은 많다고 생각한다. 하지만
다른 자산에 대해 언급하기는 매우 조심스럽다. 그 이유는 대부분 저
자에게 투자할 자산에 대해서 묻는 사람들은 투자할 암호자산에 대해
따로 공부를 하지 않고 투자 결정을 내리기도 하고 공부해본 경험이
별로 없어서 혼자 조사를 하더라도 그것이 가치가 있는 것인지 없는
것인지 판단하기 매우 어렵기 때문이다.

어떤 투자자들은 저자의 말처럼 비트코인만을 매수, 매도하고, 이더리움만을 매수, 매도한다. 책에서 언급한 저자의 동료 'H'도 비트코인과 이더리움만을 매수한다고 했다. 우리는 좋은 코인이 무엇인지 어떤 정보를 가지고 알 수 있을까?

참고하기에 좋은 곳을 몇 가지 소개하고자 한다.

❶ 플립사이드 크립토

블록체인 분석 스타트업 플립사이드 크립토가 만든 'FCAS (Fundamental Crypto Asset Score : 암호자산 기초 점수)'라는 등급 제도가 있다. 이 등급은 해당 암호화폐 개발자가 어떤 소프트웨어를 개발하고 지원하는지와 시장 가격, 거래량을 비롯한 종합적인 거래 데이터를 고려해 매겨진다. 최고(Superb)라는 뜻에서 S 등급, 매력적인 자산(Attractive)이라는 뜻에서 A 등급. 이런 식으로 암호화폐 자산의 가치를 평가해 표시한다.

플립사이드 크립토는 2018년 11월 시드 투자로 450만 달러, 우리 돈 약 50억 원을 투자받았다. 이후 플립사이드 크립토는 암호화폐 헤지펀드나 전문 투자자들이 포트폴리오의 실적을 실시간으로 확인할 수 있는 도구, 암호화폐 기업이나 개별 프로젝트가 이용자들이 블록체인 네트워크를 어떻게 이용하는지 구체적으로 확인할 수 있는 허블 모니터, 자신들이 갱신하는 FCAS가 어떻게 산출됐으며 전체 450여 개 암호자산이 어떻게 운영되고 있는지 개인 투자자들이 자세히 확인할 수 있는 코인 헬스 라이브러리 등 다양한 분석 툴을 개발해왔다.

플립사이드 크립토의 CEO 데이브 발터는 FCAS가 거래소와 깃허브(GitHub) 같은 개발자 관련 웹사이트에서 실시간으로 들어오는 데이터에 따라 그때그때 바뀌지만, 대체로 S 등급과 A 등급으로 좋은 평가를 받는 암호화폐는 다 합해도 18개 정도밖에 되지 않는다고 말했다. 위험하거나 불안정하다는 뜻의 'Fragile'에서 따온 F 등급에 해당하는 암호화폐는 350여 개에 이른다.

암호화폐 관련 데이터를 모두 모아 보여주는 대표적인 웹사이트 코인마켓캡을 비롯해 마켓워치, 더스트리트, 스톡트윗 등이 플립사이드 크립토의 암호자산 기초 점수를 채택해 분석, 게시한다. 코인마켓캡의 글로벌 마케팅 총괄 캐릴린 찬은 코인데스크에 새로 도입하는 FCAS 지표가 무엇보다 한눈에 이해하기 쉬우면서도 암호자산이 어떻게 발전해왔는지 투명하게 확인할 수 있다는 점에서 매력적이라고 말했다.(출처 : "코인마켓캡, 암호화폐 자산 종합 지표 FCAS 도입" 코인데스크 코리아, 2019)

FCAS는 암호화 프로젝트의 기본적인 건전성을 평가하는 데 사용된다. 각 자산에는 문자 및 점수(0~1000점)로 표기된 5가지 등급이 부여된다. 등급은 S(Superb, 900~1,000), A(Attractive, 750~899), B(Basic, 650~749), C(Caution, 500~649), F(Fragile, 0~499)로 나뉘어진

다. 점수는 사용자 활동, 개발자 활동 및 시장 성숙도 세 가지 주요 요소로 매겨진다. 이는 자산의 성장 잠재력을 평가하기 위한 프레임 워크를 제공한다. 이를 통해 500개 이상의 암호화폐를 비교하고 특정 자산의 움직임을 추적할 수 있는 자신만의 포트폴리오를 만들 수 있다.(출처 : 플립사이드 크립토 홈페이지)

**❷ 제미니 거래소**

제미니 거래소는 미국의 암호화폐 거래소이다. 고객이 디지털 자산을 거래할 수 있게 해주는 디지털 환전 기능을 하는 기관이며, 뉴욕주 금융당국(the New York State Department of Financial Services : NYSDFS)의 규제를 받고 있다. 제미니는 핵심 마케팅 전략으로 '법률 준수'를 채택하여 자본 유지 요건, 사이버 보안 요건 및 NYSDFS와 뉴욕 은행법이 규정하고 있는 은행 규제 준수 표준을 따르고 있다.

제미니 거래소는 비트코인이나 이더리움 같은 암호화폐들을 미래 통화로 규정하여 이것들과 사용자들을 연결하는 다리 역할을 자처하고 있다. 또한 고객이 안전함을 느낄 수 있도록 자신들의 서비스에 최선을 다하며, 이것을 위해 최고 수준의 기술자와 안전 엔지니어들로 구성되어 있다고 말한다.

제미니 거래소는 암호화폐 자산 보험에 가입했다. 보험 제공업자는 세계적인 보험회사인 에이온(AON)이다. 우리나라의 빗썸, 업비트, 코인원 등 주요 거래소들도 이미 보험 가입을 완료한 상태이다. 암호화폐 시장 고객들은 기존 금융시장과 동일한 수준으로 자산이 보호되는 것을 원한다. 그렇기에 거래소들은 자산 보험 가입을 통해서 그러한 니즈를 충족시키려는 움직임을 보인 것이다.

제미니 거래소는 우수한 보안성을 지녔으며 세 가지 보안 원칙을 따른다. 첫 번째 외부 위협에 대한 심층 방어 대책을 세운다. 두 번째 사람들의 오류에 대하여 보호한다. 세 번째 내부 접근으로 인한 이상 발생에 대하여 감시한다. 맡겨진 대부분의 디지털 자산은 오프라인 스토리지 시스템에 저장되어 있다. 일부만이 온라인 지갑에 보관된다.(출처 : 해시넷 제미니 문서)

최근 제미니 거래소 창립자인 윙클보스 형제가 제미니의 뉴욕 증시 상장을 고려하고 있는 것으로 전해졌다. 2021년 1월 14일 블룸버그와의 인터뷰에서, 윙클보스 형제인 타일러와 카메론은 "뉴욕에 본사를 둔 암호화폐 거래소 및 수탁 서비스 기업 제미니 트러스트의 기업공개(IPO)를 검토 중이다"라고 밝혔다.(출처 : "미 암호화폐 거래소 제미니 뉴욕 증시 상장 검토 중" 디센터, 2021)

제미니 거래소의 암호자산 상장 기준은 매우 까다로운 것으로 알려져 있다. 제미니 거래소에 상장되어 있는 코인이라는 이유만으로도 어느 정도 검증이 되어있다고 볼 수 있다. 물론 참고 사항이기에 투자자 본인의 심도 깊은 공부와 자기 확신이 우선되어야 할 것이다.

**❸ 그레이스케일 자산운용사**

그레이스케일은 2013년에 설립된 미국의 암호화폐 신탁펀드 투자회사이다. 정식 회사명은 그레이스케일 인베스트먼트이며, 디지털커런시그룹(DCG)의 자회사이다. 창업자는 디지털커런시그룹의 창업자이자 대표이사인 배리 실버트이다. 그레이스케일은 비트코인, 비트코인캐시, 이더리움, 이더리움 클래식, 젠캐시, 스텔라루멘, 라이트코인, 리플, 지캐시 등 9개의 신탁 펀드를 출시했다.(출처 : 해시넷 그레이스케일 문서)

이들은 세계 최대 규모의 암호화폐 자산운용사이며, 최근 운용자산 규모가 급증해 2021년 2월 300억 달러를 넘어섰다.(출처 : "그레이스케일 운용자산 300억 달러 돌파, 한 달 새 50% 급증" 블록미디어, 2021)

그레이스케일 자산운용사의 신탁 펀드들을 참고하여 투자하는 사람들이 많다. 암호자산 시장에 많은 영향을 주고 있는 DCG그룹의 자회사이기 때문에 어느 정도 신빙성이 있는 부분이다. 많은 시장 참여자들이 애용하는 정보이니, 한번 살펴보기를 권한다.

**❹ 코인셰어스**

코인셰어스는 영국 소재 디지털자산 전문 운용사이다. 코인셰어스는 신흥 암호자산 시장과 연계된 투자수단을 제공하는 데 주력하고 있다. 비트코인과 이더리움을 기반의 ETN(기초지수 변동 파생결합 증권)을 제공하는 회사로 유명하다. 일반 소매 투자자는 스톡홀

름의 Nasdaq Nordic에 상장되어 판매되는 코인셰어스의 ETN 을 구매할 수 있다.(출처 : 해시넷 코인셰어스 문서)

코인셰어스 암호화폐 산업의 총 운영 규모는 2020년 12월 150 억 달러 수준으로 2019년보다 약 6배가량 성장한 것으로 나타났 다.(출처 : "코인셰어스 암호화폐 총 운용 자산 150억 달러 '육박' 역대 최고 수준" 코 인리더스, 2020)

코인셰어스는 한국에서 잘 알려지지 않았지만, 점점 성장해가는 비트코인 자산 운용사이기 때문에 여러 가지 각도에서 살펴보는 것을 권하고 싶다.

# 되레 독이 되는
# 과도한 정보

모든 정보를 다 습득해야만 투자를 할 수 있다고 생각하는 사람들이 있다. 자산에 대한 학습은 투자에서 매우 중요한 요소 중 하나이다. 하지만 투자 경험 없이 하는 공부나 무분별한 정보 취득은 되레 독이 될 수 있다.

두 가지 경우를 예로 들 수 있는데, 첫 번째는 코인 하나와 사랑에 빠져서 그 하나만 쳐다볼 때이다. 세상에 완벽한 사람은 없기 때문에 누구나 실수를 하고 틀릴 수 있다. 이미 옳았다고 판단된 선택 또한 언제든지 틀리게 될 가능성이 열려있다. 코인 하나에 심취해서 그 코인만 공부할 경우에는, 확증편향에 빠져서 다른 것들은 보지 않는 사람들이 많다. 그들에겐 끝없는 하락과 악재도 '반등의 기회'가 된다. 그 끝엔 투자금을 탕진한 뒤 100년에 한 번 오는 엄청난 기회 속에서 손가락만 빨게 되는 상황이 기다리고 있다.

반대로 너무 많은 것을 공부하려 하는 경우에도 문제가 된다. 일반인들이 코인에 대해서 학습하다 보면, 코인 하나하나가 굉장히 좋아 보인다. 그리고 개별 코인들이 내세우는 비전이나 활용 방안이 그럴듯해 보여서, 이 코인이 세상을 바꿀 수 있을 것 같다는 생각이 든다. 그래서 대체 무슨 코인이 좋은 코인인지 오히려 헷갈리는 경우가 발생한다.

처음에는 분위기가 좋은 5~6가지의 코인과 사이클에 대해서 공부해보고 투자를 진행한다면 충분하다고 생각한다. 노파심에 말하지만, 이러한 공부를 진행하지 않을 계획이라면 비트코인 하나만 공부한 후 투자해보는 것을 권하고 싶다.

또한 전문가들의 말에 너무 의존하는 것도 좋지 않다. 사회학자 던컨 J. 와츠의 저서 〈상식의 배반〉에는 주식 전문가들과 일반인 투자자들의 투자 대결에 관한 이야기가 나온다. 우리의 상식선에서는 전문가 집단이 일반인 투자자들을 압도할 것이라 생각되지만, 결과는 무승부에 가까울 정도의 비슷한 차트 예측이 나왔다. 이 사례는 투자에 있어 전문가와 일반인의 차이는 거의 없다는 것을 말해준다. 전문가들 중에서도 투자를 잘하는 전문가가 있고, 일반인들 중에서도 투자를 잘하는 일반인이 있다. 전문가들도 의견이 제각각이기 때문에 한 전문가의 말에만 의존한다든가, 해당 분야 전문가들의 말을 맹신한다면 수많은 투자 기회를 놓칠 수 있다.

또한 어떤 분야의 투자 전문가든 해당 분야의 전문적 분석 외에 시장상황의 영향을 받게 되어있다. 현재의 자산 가격과 자산 가격 흐름으로부터 아예 독립적인 시각으로 자산의 상태를 해석할 수 있는 사람은 극히 드물다. 가격이 낮아지면 모든 자료를 부정적으로 해석하고, 가격이 오르면 같은 자료도 긍정적으로 해석한다. 이건 저자 역시 불가능하고 대부분의 사람들이 이럴 수밖에 없다.

따라서 너무 과한 정보들은 투자 성공으로 이어지는 경우가 드물다. 필요한 정보만을 제대로 취득하는 것이 좋다. 그리고 대부분의 수많은 정보들은 '노이즈'에 해당할 가능성이 높다.

# 반드시 실천해야 하는
# 분할 매수·매도

분할 매수와 분할 매도란 매수와 매도 시에 시간을 두고 금액을 조금씩 나눠서 하는 것이다. 이런 분할 매수와 분할 매도를 실천하지 못하는 투자자들이 많다. 만약 1,000만 원을 투자하기로 마음먹었다면 비트코인이 가격이 조금 내려갔을 때 300만 원을 매수하고, 조금 더 내려갔을 때 300만 원을 매수하고, 더 내려갔을 때 400만 원을 매수하는 방식으로 나눠서 시장에 진입해야 한다. 이 방식을 실행하면 각각 매수에 들어갔던 가격의 평균값으로 평단가가 정해질 것이다. 이것이 분할 매수이다. 반대로 분할 매도는 만약 비트코인 1,000만 원을 매도할 계획이라면 300만 원을 우선 매도하고, 가격이 더 올라갔을 때 300만 원 매도, 더 많이 올라갔을 때 400만 원을 매도하는 방식으로 시장에서 빠져나오는 것을 가리킨다.

분할 매수와 분할 매도의 개념에 대해서는 대부분이 알고 있지만,

이 방식을 완벽하게 실천하는 투자자는 거의 없다고 보여진다. 여러 가지로 도움을 주는 방법임에도 불구하고 말이다.

분할로 거래해야 하는 첫 번째 이유는 저점과 고점을 투자자가 정확히 파악할 수 있는 방법이 없기 때문이다. 투자자가 처음 매수에 들어가는 가격이 최저점일 가능성은 거의 제로에 가깝다. 만약 저점을 잡았다면 그것은 운에 가깝다. 내가 매수한 가격보다 더 내려갈 가능성이 무조건 있다는 전제 하에 분할 매수를 해야 한다. 그렇게 된다면 만약 내가 매수를 한 시점이 고점이라고 할지라도, 거시적 관점에서 매우 낮은 가격에 평단가를 잡아, 장기적으로 큰 수익을 가져가는 데 유리하다.

분할 매도의 경우에도 마찬가지이다. 우리는 매도 시점을 정할 때, 그 지점을 고점이라고 평가하여 매도를 결정한다. 하지만 우리가 매도를 결정한 시점이 고점일 확률은 매우 낮다. 그래서 첫 매도에 전량 매도를 결정하기보다는 최소 2분할 정도로 매도를 진행하는 것이 좋다. 고점 매도에 실패했을 경우에는 나머지를 더 높은 가격에 팔면 되고, 만약 첫 매도 시점이 고점이었다면 조금 아쉽긴 하지만 그래도 나쁘지 않은 매도가 가능하다.

한 번이라도 분할 매수와 분할 매도를 통해 성공 경험이 있는 투자자라면 이 방법이 왜 좋은지에 대해 누구보다 잘 이해할 것이라고 믿는다.

보통의 투자자들은 매수와 매도 결정을 충동적으로 하거나, 가격이 급등하거나 급락할 때 조급한 마음으로 결정하는 경우가 부지기수이다. 이것은 앞서 살펴본 인간의 비이성 때문에 발생하는 일인데, 분할 매수와 분할 매도는 이러한 비이성적인 부분을 잠잠하게 만들어준다. 투자를 진행하다보면 이 비이성적인 부분을 만들어내는 감정들이 투자를 어렵게 만든다는 것을 통감한다. 투자에 실패했던 분은 감정적으로 매수와 매도를 결정하고 있었는지 돌아보길 바라며, 이밖에도 비이성적인 부분을 잠재울 수 있는 시도들은 지속적으로 해보는 것이 좋다.

# [2020년 3월 세력의 투자 일기]

역사적인 순간에 직면했다.

코스피는 쫙 빠졌고, 해외 주식도 쫙 빠지고 암호자산은 반 토막이 났다.

현재 비트코인 688만 원, 이더리움 16만 3,000원, 리플 194원, BSV 15만 3,000원, 비트코인캐시 22만 1,000원으로 상당히 저렴하다. 정말 역사적인 순간을 맞이했다. 그리고 비트코인 투자를 위해 추가 대출을 결정했다.

반감기 사이클에 따르면 2021년 12월~2022년 상반기까지는 충분히 오를 가능성이 높다. 비트코인만 쭉 들고 간다 해도 어마어마한 수익을 얻을 수 있으리라 기대된다. 가격은 엄청나게 하락한 상황이지만, 비트코인의 가격은 한 개당 1억 원 이상은 충분히 갈 수 있으리라 예상하고 있다. 1억 원도 사실 보수적인 예측이다.

지금 매수 물량은 무조건 홀딩한다. 그리고 더 내려간다면, 더 많은 물량을 매수한다. 이건 인생에서 다시 안 올 기회이다. 작년부터 지속적으로 공부해온 나에게 드디어 온 기회이다. 마치 시장은 비트코인이 이 세상에서 없어질 것 같은 분위기이다. 유튜버들은 비트코인이 100만 원을 간다고 외치고 있고, 300만 원에서 대기한다는 투자자들도 많다. 하지만 지금부터 분할 매수를 하는 것이 옳다 생각한다. 충분히 저렴한 구간이다. 지금 대출 투자를 결정한다면 이 순간에는 이상한 사람이라고 여겨질지도 모른다. 하지만 시간이 지나서 돈을 가장 많이 번 사람들은 결국 당시 사람들의 시선에는 이상하게 비추어졌던 사람이다.

'팬데믹', 전세계적 전염병이 퍼지면서 모든 자산이 급락했다. 금, 은, 달러, 증시, 암호자산 모든 게 완벽하게 급락했다. 위기가 오리라 생각했지만 전 세계 증시가 폭락 또는 폭등하는 것을 눈앞에서 보니 이런 일이 정말 일어날 수 있겠구나를 느끼고 있다.

미국은 국가 위기 사태를 선포를 한 상태이다. 이 전염병이 얼마나 지속될지도 모르겠다. 많은 자영업자들이 망하고 기업들도 망할 수 있다는 견해들이 많다.

만약 400만 원까지 내려간다면 손해가 커진다. 하지만 비트코인이 400만 원까지 내려간다면 또 크게 매수하자. 그리고 알트코인도 모아 가자. 두려워할 필요 없다. 지난 1년간 공부했던 것을 그대로 실행하면 된다.

제**9**장

# 성공적인
# 투자자가
# 되어라

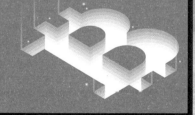

# 하락장과 상승장에
# 매이지 않는 마음

저자는 일반 투자자들이 돈을 벌어가기에 장기투자가 가장 쉽고 만만하다고 말했다. **매수 후 무(無)대응이 곧 최고의 대응인 것이다.** 앞서 설명한 내용 중 스캘핑 트레이딩 스타일의 관점을 가진 사람들은 장기투자자들을 보면 절대 이해하지 못한다. Up&Down을 반복하는 시장에서 매수와 매도를 반복하면 수익률을 극대화할 수 있는데, 대체 왜 그 기회를 전부 반납하냐는 것이다. '트레이더'들은 이것이 가능하다고 생각한다. 시장의 단기 움직임을 여러 지표를 통해 정확히 이해하고 대응이 가능하다고 믿기 때문이다.

그러나 저자는 이것이 완벽하게 가능한 사람을 본 적이 없다. 다만 TV나 유튜브, 유사 투자자문업자들의 광고문 등에서 이것이 가능하다고 말하는 사람은 본 적이 있다. 역사를 뒤져봐도 그런 사람은 없다. 있어봤자 단지 확률이 조금 높은 사람 정도일 것이다. 만약 이것이 완벽하게 가능한 사람이 이 세상에 한 사람이라도 있다면 그 사람의 부는 끝없이 팽창하고 무한대의 자산을 가지게 될 것이다.

만약 밑에서 잡고 위에서 파는 것이 대부분의 일반 투자자들에게 가능했다면 투자시장이 어떻게 되었을까? 투자시장에 참여한 일반 투자자들은 대부분 돈을 많이 벌었을 것이다. 이 책을 읽는 독자들은 혹시 기존에 어떻게 투자를 해왔는가? 기억을 더듬어보면 내가 매수하는 순간 하락하고, 내가 매도하는 순간 상승하는 것을 본 적이 있을 것이다. 정말 신기하다는 생각이 들지 않았나?

독자들 중 사고팔기만 반복하며 돈을 번 사람들도 있을 것이다. 하지만 그 과정 속에서 돈을 잃는 경우도 있지 않았는가? 혹은 그냥 팔지 않고 지금까지 가만히 가지고 있었더라면 더 많은 돈을 벌 수 있지 않았겠는가? 둘 모두 아니라면 더 이상 이 책을 읽지 않아도 된다.

저자는 더 저렴한 가격에 사서 더 비싸게 팔아야겠다는 전략을 매번 성공시키지 못했다. 이 방법은 10번을 성공해도, 1번의 실패가 더 큰 손해를 안겨주었기 때문이다. 또한 이 방법은 큰 상승을 놓치게 만드는 우를 범하게 한다. 그러다 큰 하락을 맞고 최후에 손절을 했다. 그렇기에 무대응이 가장 좋은 대응이 될 확률이 높다. 물론, 해당 자산에 대한 학습이 잘 되어 있고 믿음이 충분하다는 전제 하에서 할 수 있는 이야기이다.

그렇다면 무대응으로 시장에 참여하는 것은 쉬운 것일까? 정말 쉽지가 않은 일이다. 장기투자를 마음먹었더니, 내가 가지고 있지 않은 코인이 잔뜩 올라버린다. 또는 내가 가진 코인만 가격이 내려간다. 이런 요소들은 장기적으로 포지션을 끌고 가기 어렵게 만드는 요소들이다. 장기투자를 마음먹었다면, 필요한 것은 마음을 단단히 먹는 것이다. 그렇다면 마음을 어떻게 단단히 먹을 것인지에 대한 논의가 필요하겠다.

여기서 장기투자란 포지션을 바꾸지 않고, 한 사이클이 하락과 상승을 반복하는 과정에서 매도를 하지 않고 버티는 것으로 정의하겠다.

상승과 하락이 진행될 때 우리는 하락을 어떻게 받아들여야 할까? 장기투자자에게 하락은 언제나 기회이다. 가격이 하락하면 나의 자산이 하락하는데, 이것이 기회라니 무슨 소리일까? 다음 그림을 살펴보자.

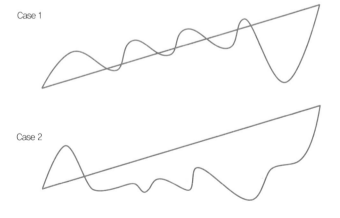

Case 1과 Case 2의 도달 가격은 같다. 그런데 상승하는 과정은 달랐다.

Case 1을 우선 살펴보자. 장기투자자로 참여한 상태에서 꾸준히 우상향하는 자산을 보면서 마음이 굉장히 편할 것이다. 실제로 이런 식으로 꾸준히 우상향하는 자산에 대해서는 더욱 믿음이 가고 투자가 쉽다. 그래서 다른 코인보다 비트코인 투자가 처음 투자하는 사람들에게 훨씬 적합하다고 말하는 것이다.

그런데 만약 Case 1처럼 우상향하다가, 움푹 들어가는 구간이 생기면 대부분의 사람들은 어떻게 대응을 하게 될까? 안타깝게도 저 움푹 들어간 구간에서는 대부분의 투자자들이 매도를 하고 도망간다. 후퇴를 결정한다는 것이다.

위 차트는 비트코인 일봉 차트이다. 비트코인이 2019년 3월부터 꾸준히 우상향을 하다가, 2020년 3월 코로나 팬데믹 이후 큰 폭락을 한다. 이때 비트코인의 가격은 500만 원 초반까지 간다. 비트코인은 2021년 2월 12일 현재 5,000만 원 이상으로 거래가 되고 있다. 즉, 1년도 안 된 시점에서 비트코인 가격은 10배가 되었다는 것이다.

Case 1을 돌아보면 비트코인이라는 자산에 확신이 없던 사람들은 이 좋은 기회를 기회라고 인식하지 못하고, 불안한 심리가 이성을 마비시켜 매도를 결정하였다는 것을 알 수 있다. 비트코인 가격은 단 며칠 새에 큰 폭락을 하곤 한다. 이때 과감하게 매수 결정을 한 사람들은 큰돈을 벌 수 있었다. 장기투자자가 되기 위해서는 하락을 위험으로 받아들이는 것이 아니라, 하락은 기회라는 것을 제대로 이해할 수 있어야만 한다. 이것이 가능하기 위해서는 해당 자산이 확실하다는 것을 스스로 납득하고, 의심의 여지가 없어야 한다. 그러기 위해서는 누군가의 말을 듣거나 타인의 의사결정을 따르는 것이 아니라 본인 스스로의 주관이 확실하게 있어야 한다.

저자는 유튜브 채널에서 구독자가 투자 조언을 구할 경우 '투자 결정을 대신 내려주지 않는다'는 답변을 준다. 그 이유는 앞에서 설명한 바와 같다. 누군가의 설명이나 누군가의 확신에 의존할 경우 본인 스스로가 흔들렸을 때 장기투자를 유지하기가 너무 힘들어지기 때문이다. 이제 Case 1을 통하여 하락이 기회인 것을 알았으니 Case 2를 살펴보도록 하겠다.

Case 2 상황이 장기투자자에게 일어난다면 기분이 어떠할 것 같은가? 처음에 상승하는가 싶더니만, 가격이 아래로 크게 하락한 상태로 바닥을 기다가 마지막 순간에는 더 하락을 한다. 만약 이런 차트에 독자들이 속해 있었다면, 정말 투자가 힘들어진다. 결코 쉬운 투자가 될 수 없다. 왜냐하면 사람으로 태어난 이상 가격 움직임이 심리에 영향을 주고 이런 차트로 인해 생긴 심리 상태는 투자자의 이성을 마비시키는 결과를 낳기 때문이다. 하지만 결과적으로 봤을 때는 Case 1과 Case 2는 같은 수익을 준다. 이 책을 읽는 독자님은 둘 중에 어떤 Case가 좋아 보이는가? 1이 좋은가? 2가 좋은가?

어떤 선택을 하였을지 모르겠지만, 장기투자자에게 좋은 흐름은 2이다. 왜냐하면 Case 1에서 설명했듯이, 장기투자자에게는 최종 결과가 중요할 뿐이고 그 과정 속에서의 하락은 항상 기회이기 때문이다. Case 1과 달리 Case 2는 가격이 항상 아래 구간에 있다. 이것을 달리 말하면 Case 1과 달리 Case 2는 매수 찬스가 항상 있었던 것이고, 더 많은 수량을 모아서 최종 수익률을 극대화시킬 기회가 많았다는 것이다. 즉 Case 1과 Case 2를 비교할 때 Case 2가 훨씬 더 많은 기회를 부여한 차트인 것이다. 하지만 현실적으로 장기투자자가 되기로 마음먹은 사람들은 Case 2보다는 Case 1을 선호한다. 장기투자자들도 피하기 힘든 비이성적인 측면 때문이다.

대부분의 투자자들은 비이성적인 특성을 가지고 있다. 행동경제학의 창시자 대니얼 카너먼은 사람들의 손실회피 성향에 대해 이야기했는데, 이것은 장기투자자에게도 영향을 준다. 단기적 손실이 결과적 손실이 아님에도 불구하고, 단기적 손실을 참지 못하게 만든다는 것이다.

대부분의 투자자는 단기적 큰 손실에 대해 두려움을 안게 되고, 이 두려움은 인내심을 없앤다. 인내심이 줄어들면 매도를 결정한다. 손실이 아님에도 불구하고, 손실 구간을 한 번이라도 터치한다는 사실에 갑자기 상황을 부정적으로 인식하기 시작한다. 이러한 특징 때문에 팔지 말아야 할 공포 구간에서 팔게 되는 것이다.

이 특성은 가격 하락 시에만 적용되는 것이 아니라 가격 상승 시에도 적용이 된다. 상승 후 목표 지점에 도달할 때까지 기다려야 함에도 불구하고, 상승 시점에서 조금만 하락해도 수익을 거둔 부분이 사라지는 것이 싫어서 빠르게 익절을 하고 만다. 그럼 결국 이 투자자는 평생 큰 수익은 얻지 못하고, 10~20% 수익 구간에서 전전긍긍하게 되는 것이다. 이러한 방식의 투자자는 저자의 관점에서 장기투자자라고 말하기는 힘들다고 생각한다.

진정한 장기투자자는 어떤 상황에서도 충동적인 매수와 매도를 결정하지 않는다. 그리고 가격으로 인해 감정이 흔들려 잘못된 이성적 판단을 하지 않는다. 사람들은 상승구간에서는 환희와 탐욕의 감정을 가지게 되고, 하락 순간에는 공포와 회피적 성향을 가지게 된다. 대부분의 투자 실패란 이런 비이성적 사고에 입각해서 나오게 된다.

그렇기 때문에 장기투자자가 된다는 것은 쉽지 않은 일이다. 대부분의 사람들은 자신이 장기투자자라고 주장하다, 점차 단기 트레이딩의 길로 빠지게 된다. 장기투자가 정답이 아니라고 외치는 사람들 중 실제로 장기투자를 제대로 해본 사람은 없을 가능성이 높다.

그리고 다시 단기 트레이딩 과정에서 손해를 보다가 장기투자를 결심하게 된다. 장기투자를 결심하게 된 후, 해당 자산에 대해 열심히 공부하고 알아보기 시작하고 믿음을 가지기 시작한다. 그리고 가격이 반드시 상승하기를 기다린다. 정말 많은 투자자들에게서 일어나고 있는 현실이다. 하지만 이것은 어떻게 보면 사람이라면 누구나 겪는 일이 아닐까 싶다.

하락 구간이 아닌, 수익 구간일 경우 심리 상태는 어떨까? 수익 구간일 경우에는 장기투자가 쉬울지 한번 생각해보자. 만약 우리가 2013년도에 과거로 돌아가서 비트코인을 살 수 있다면 어떻게 할까? 우린 2021년도에 비트코인이 5,000만 원 이상이 될 것이라는 결과를 알기 때문에 무조건 많은 돈으로 매수를 할 것이다.

미래에서 온 것이 아님에도 이를 실천한 이들도 있다. 만약 비트코인 투자로 100배의 수익을 얻은 투자자가 있다고 가정해보자. 그럼 그 투자자는 비트코인을 매수 한 후, 30% 수익일 때도 참고, 50% 수익일 때도 참아낸 것이다. 100%, 200%, 5배, 10배, 20배 구간에서 익절하고 싶은 마음을 꾹 누르고 100배까지 참아낸 투자자이다. 이 투자자는 100배를 가져갈 자격이 있는 사람인 것이다. 이것이 과연 쉬운 것이라고 말할 수 있을까? 어려운 일이다.

대부분의 투자자는 100% 이상의 수익률을 내본 경험이 거의 없다. 30% 수익만 얻더라도 엄청 큰 수익이라고 생각하기 때문에, 머릿속은 환희로 가득 찬다. 그런 사람이 30%부터 100%까지 가는 험난한 길을 어떻게 참아낼 수 있을까? 30% 수익 구간에서 100% 수익 구간까지 가격이 직선 차트로 상승하는 것이 아니다. 30% 수익 구간이 고점이고, 큰 조정 이후 다시 출발할 수도 있다. 즉 100%의 수익을 내기 위해서는 30% 수익 구간을 터치 후, 다시 10% 수익구간까지 조정을 받았다가 다시금 50% 수익 구간을 갔다가, 30% 수익 구간으로 다시 오는 반복되는 패턴을 참고 이겨내야 한다.

만약 이 구간을 지켜보는 가운데 어떤 감정의 변화가 없는 사람이라면 투자 경험이 적거나 천재일 가능성이 높다. 100%~200% 구간까지 참아내는 것도 일반 투자자들은 너무나 힘들 수밖에 없다. 그러면 500%~1000% 수익 구간까지 참는 것은 어떨까?

그렇다면 만약 수면제를 먹고 5년간 잠들었다면 결과는 어땠을까? 100~200% 구간을 쳐다도 안 보고 그냥 지나갔기 때문에 가장 훌륭한 결과를 냈을 것이다.

하지만 우리는 현실적으로 몇 년간 수면제를 먹는다든가, 재산 현황을 아예 쳐다보지 않고 지내기가 쉽지 않다. '비트코인 가격이 얼마가 되었다'라든가, '비트코인 가격이 치솟고 있다'는 등의 이야기를 이젠 미디어에서도 쉽게 접할 수 있게 되었다. 귀를 막고 눈을 막아도 어디선가 비트코인에 대한 소식을 접하게 된다. 이는 투자를 굉장히 어렵게 만드는 요소들이다. 그렇기 때문에 자신의 투자금이 계속 수익 구간에 있더라도 장기투자는 결코 쉬운 것이 아니다.

앞서 살펴본 두 가지 Case를 통해 장기투자가 얼마나 어려운 것인가에 대해 살펴보았다. 장기투자는 결코 쉬운 것이 아니다. 여러 투자 고전의 저자들이 말했듯이, 수면제의 도움이 필요할 정도로 장기투자를 진행한다는 것은 어려운 일이다. 그렇다고 장기투자가 어렵다는 사실에 지레 겁먹을 필요는 없다. 장기투자를 성공할 수 있는 방법이 있다. 그것은 바로 '마음 편한 투자를 하는 것'이다.

너무 뻔하게 들릴지 모르겠지만 마음을 편하게 한다는 것은 많은 의미를 지닌다.

장기투자가 가져오는 모든 상황에 대해 견뎌내기 위해서는 목표 가격까지 마음이 편해야만 한다. 마음이 편하지 않으면 가격에 흔들리기 마련이다. 장기투자를 진행하기로 마음먹은 투자자는 각자의 상황이 있다. 장기투자에 대한 생각도 다르고, 재산 현황도 다르다. 현재 마음의 여유와 블록체인 혁명에 대한 믿음, 투자 경험, 자라온 환경, 주변 환경 등 모든 것이 다르다. 마음이 편하다는 것조차 각자 주관이 개입

된다. 누군가는 몇 억을 굴려도 마음이 편한 반면, 누군가는 몇 십만 원을 굴려도 마음이 불편해서 매일 차트를 들여다봐야 할 수도 있다.

누구에게나 본능적으로 탑재되어 있는 이 비이성적인 부분을 어떻게 잠재울 수 있을까? 의도적으로 이 부분을 잠재워야만 투자 성공으로 이어질 수 있다. 앞서 말한 인간 행동의 비이성들은 마음이 조급하거나, 무리한 투자를 했을 때, 스스로 위험하다고 생각하는 투자를 진행할 때 더욱 심해진다. 마음이 편한 상태를 유지하지 못한다면 아무리 뛰어난 투자자, 전문가라도 같은 실수를 반복하게 된다.

**마음이 불편한 이유에 대해 찾아보고, 그 불편함을 주는 요소를 최대한 잠재워야 한다.** 가격이 마음을 불편하게 만든다면 차라리 가격을 그냥 보지 않는 것이 좋다. 차트가 마음을 불편하게 만든다면 차라리 거래소 어플을 지우고 아무것도 안 보는 것이 좋다. 악재 뉴스가 마음을 불편하게 만든다면 차라리 아무것도 안 듣는 게 좋은 것이다. 스스로의 환경과 성향에 맞는 마음 편한 상황을 만들어야지 장기투자에서 성공할 수 있다. '마음 편한 투자'는 누구에게나 적용할 수 있는 단 한 가지의 공통적인 장기투자 성공 전략이 아닐까 생각한다.

그럼에도 불구하고 장기투자를 진행하면서, 수익이 음 전환되는 것을 정말 못 견딜 정도라면 그에 맞는 투자 스타일을 정립해야만 한다.

한 번 더 말하지만 초보자의 암호자산 투자에서는 장기투자가 가장 적합한 투자 스타일이라고 생각한다. 오를 때 크게 오르기 때문에, 손실회피 성향으로 인한 포지션의 잦은 변경은 상승 시, 하락 시 모두 부정적인 결과를 초래할 가능성이 높다. 명심하자. 마음 편한 투자가 가장 현명한 장기투자자를 만든다.

# 상대적 박탈감과
# 대출 투자

장기투자를 진행하다보면 '상대적 박탈감'을 이겨내야 하는 경우가 많다. 내가 가진 자산은 가격이 떨어지거나 오르지 않는데, 자꾸 올라가고 있는 자산이 눈에 들어오는 것이다. 해당 코인에 대해서 잘 모르더라도, 가격이 올라가면 저절로 눈이 가게 되어 있고 흥미를 가지게 된다. 심지어 한번 관심을 가졌거나, 매수를 했다가 저렴한 가격에 매도했던 코인이 급격하게 오르기 시작하면 박탈감과 허무함, 후회스러움, 미련 등의 감정이 이성을 마비시키기 시작한다. 이것이 너무 힘들어서 암호자산 투자를 못 하겠다는 사람들도 많다. 한 코인을 가지고 가만히 기다리기에는 이 많은 유혹들을 참아내기가 여간 힘든 것이 아니다.

그래서 대부분의 투자자들이 가지고 있는 자산을 매도하고 올라가는 종목을 매수한다. 그런데 참 안타까운 일은 여기서 발생한다.

코인 시장의 경우 알트코인 순환매 장세가 일어날 때는 돌아가면서 차례대로 급등이 일어난다. 때문에 급등한 코인을 매도하고, 급등하지 않은 코인을 매수하는 것이 결과적으로 봤을 때는 좋은 선택인 경우가 많았다.

그런데 그 타이밍에 급등하지 않은 코인을 매도하고 오히려 급등이 끝나가는 코인을 매수해버리니까 상승 여력이 별로 안 남은 상태에서 올라탄 후 조정을 받을 때, 원래 가지고 있다 팔아치운 코인이 상승하기 시작하는 것이다. 투자에서 이런 실패 경험이 쌓이다 보면 점점 본인의 투자 선택에 대한 확신이 없어지게 된다. 결국 선택을 타인에게 의존하거나 '묻지마 투자' 등을 하게 된다.

다른 코인이 올라간다고 해당 코인을 매수하여 쫓아가는 것이 아니라, 아직 올라가지 않은 나의 코인이 좀 더 올라갈 때까지 인내하는 인내심이 필요하다. 만약 손에 쥔 코인이 상승하지 않더라도 괜찮다. 적어도 그 코인은 큰 하락은 겪지 않는다.

최악은 올라가지 않은 코인을 매도하고 올라간 코인을 매수한 후, 폭락을 맞아 물려버리는 경우이다. 알트코인들은 고점에 물렸을 경우 언제 다시 그 가격이 올지 기약이 없다고 할 정도로 오랜 시간이 걸린다. 그리고 그 시간을 견뎌내는 동안 다른 코인이 오르는 것을 보면 훨씬 더 고통스럽다.

저자도 알트코인 고점에 물려본 경험이 있다. 2019년 4월부터 7월까지 비트코인 주도의 상승장을 경험하고 2019년 7월에서 12월까지 이어진 알트코인 하락장 시기에, 고점에 물려버린 알트코인 물량이 꽤 있었다. 당시를 회고해보면 저자가 저점이라고 판단했던 그 지점이 하락의 시작이었다. 그리고 그 하락은 투자를 굉장히 힘들게 만들었던 기억이 있다. 끝내 버텨내어 수익구간으로 돌아서긴 했지만 지금 돌아봐도 쓰라린 경험이었다. 그때의 경험을 통해서 저자는 알트코인 순환매 장세에서의 잦은 매매, 상승 종목의 매수가 아주 큰 투자 실패를 가져올 수 있다는 교훈을 얻었다.

대출 투자를 통해 저자는 큰 수익을 얻을 수 있었다. 대출이라는 시스템에 대해서는 정말 찬양하고 싶을 정도이다. 저금리 시대에 마이너스 통장과 신용대출은 부족한 현금 여력을 크게 늘려주었고, 신입사원이기에 자본이 없었던 저자가 크게 앞으로 나아갈 수 있게끔 한 지렛대 역할을 했다. 하지만 대출을 통한 자금은 저자의 장기투자 원칙인 마음 편한 투자를 하기 힘들도록 만들었다. 대출금의 손실은 하루하루 버티는 것을 고통스럽게 만들었다. 말 그대로 지옥 같은 경험이었다.

암호자산의 방향성에 대해서는 단 한 번도 믿어 의심치 않았다. 하지만 대출로 인한 손실은 감당하기 힘든 정신적 고통을 만들어냈고 이는 불안함으로 자리 잡았다.

돌아보면 투자에 대해서 미친 듯이 공부하고, 심취하고, 책을 읽고, 기록하고, 끊임없이 연구할 수 있었던 것은 대출금 손실에 대한 두려움을 해소시키기 위한 도피였을지도 모른다. 두려움 해소를 위한 그 노력으로, 나의 실력은 많이 향상되었지만 당시 느꼈던 스트레스는 상당히 심했고 나를 괴롭혔다. 그렇지만 끝끝내 대출 투자에 대한 공포를 이겨내고, 포기 없이 알트코인 하락장을 견뎌내고 큰 수익을 낼 수 있었다.

1년간의 자신과의 싸움에서 겨우 이겨낼 수 있었던 것이다. 이 경험은 투자자로서 크게 성장할 수 있던 성장판이 되었다. 2020년 초반부터 큰 수익을 내기 시작했고 그해 중후반으로 넘어가면서 원금 대비 25~50배 가까운 수익을 낼 수 있었다. 대출 없이 도전했다면 이뤄낼 수 없는 결과였다고 판단한다. 결과적으로는 대출 투자를 했기 때문에 좋은 결과를 만들어낼 수 있었던 것이다.

2020년 4월 코로나 팬데믹이 터진 후 추가 대출을 더 받았다. 그렇게 과감한 대출을 진행할 수 있었던 것은, 한번 대출 투자에 실패하였으나 그것을 극복해온 시간이 저자를 더 단단하게 만들었기 때문이 아닌가 생각한다. 결과적으로 더욱 위기가 기회가 되었다 생각한다.

대출 투자는 자본금이 없는 사람에게, 시간을 아낄 수 있는 아주 좋은 무기임에 분명하다. 하지만 이 무기를 사용한 순간부터는 안 그래도 어려운 투자 마라톤에서 '대출'이라는 무거운 무게 추를 달고 달려나가는 것과 같다. 그만큼 이것이 투자 자체를 실패하게 만들 요소가 될 수 있음을 분명히 인지하고, 대출을 실행하더라도 해야 한다. 그리고 대출 투자 실패에 대한 책임 역시 스스로에게 있으니, 실패했을 때 감당할 수 있을지에 대해서도 잘 살펴보아야 한다. 무조건적으로 성공하는 투자란 세상에 없다.

하지만 저자는 이 기회가 100년에 한 번 있는 기회라고 판단했다. 그리고 그 기회를 잡지 못한다면 평생 후회할 것 같았다. 그때 당시엔 만약 대출 투자를 통해 돈을 다 날리더라도 후회하지 않을 것 같았다. 이 후회를 남길 바에는 대출을 통해 꼭 성공하자고 생각했다. 그리고 1년 동안 환희와 공포를 모두 맛보고 나서 겨우 성공할 수 있었다. 그리고 아직도 많이 부족하지만, 유튜버 세력으로 방송을 진행하며 좀 더 성숙한 투자자로 성장해 나가고 있다.

# 원칙을 지키는
# 투자

원칙을 지키는 투자자는 매우 드물다. 저자도 원칙을 지켜내려고 노력하지만 가끔 비이성이 발동하여 원칙을 종종 깨기도 한다. 그래도 좀 더 원칙주의자가 되기 위해 노력을 기울인다.

많은 투자자들이 원칙의 중요성을 인지하면서도 원칙이 없는 경우가 많다. 그런 독자들을 위해 저자의 원칙 몇 가지를 소개하겠다. 아래 원칙은 하락 사이클 구간에 있을 때 모든 자산의 매집을 끝낸 후 상승 사이클이 도래했을 때, 거시적 관점에서 어떻게 행동해야 할지를 담은 행동지침이다.

① 올라가는 말에 타지 않는다.
② 매수와 매도 계획을 미리 한다.
③ 사이클의 중요성을 인지한다.

④ 변동성으로 인해 매수와 매도 결정을 하지 않는다.

⑤ 중단기 상승 사이클에서 비트코인 숫자를 늘린다.

⑥ 중단기 하락 사이클에서 알트코인 숫자를 늘린다.

⑦ 감정을 의사결정에 넣지 않는다.

**❶ 올라가는 말에 타지 않는다**

올라가는 말에 타지 않는다는 것은 말 그대로 자산이 올라갈 때 따라 매수하지 않는다는 것이다. 가격이 급하게 올라가면 투자하고 싶은 욕구가 드는 것이 사실이다. 많은 투자자들이 급등하는 자산을 보고 매수 결정을 하는 경우가 많다. 그리고 이내 조정이 올 때 큰 폭의 하락을 맞고 방황하다 손절한다. 저자는 급등하는 자산을 매수하는 것에 대해 매우 좋지 않게 생각한다.

하지만 예외적으로 장기 사이클 관점에서 소폭 상승했으나 아직 하락 사이클 단계에서 머물고 있고, 적립식 분할 매수를 결정할 시기라 판단된다면 가격변동은 크게 중요하지 않다. 왜냐하면 장기 사이클 안에서의 상승 사이클이 도래했을 때 돌아보면 당시의 급등은 아무것도 아니기 때문이다.

**❷ 매수와 매도 계획을 미리 한다**

매수와 매도 계획을 미리 하는 이유는 결정에 감정을 빼기 위함이다. 살 때와 팔 때의 시장상황이 변화함에 따라서 의사결정에 변수가 들어가 의사결정을 감정적으로 만든다. 시장의 변동성에 대해 정확히 알 수 있는 사람은 없다. 하지만 매수를 결정하기 전에 차분히 흘러갈 수 있는 시나리오들을 점검하고 추가 매수 결정과 매도 결정을 미리 해야 한다. 그리고 실제 시장상황이 일어났을 때는 기계적으로 이 계획을 따르는 것이 좋다. 왜냐하면 미리 계획했던 생각들만이, 시장상황이 가져온 감정 변화에 방해받지 않은 이성적인 결정이기 때문이다.

❸ 사이클의 중요성을 인지한다

장기 사이클과 그 안에 있는 비트코인 강세장과 알트코인 강세장의 중단기 사이클을 이용한다면 큰 수익을 얻을 수 있다. 저자는 2020년 2월 알트코인 강세장, 2020년 후반 비트코인 강세장, 2021년 2월 알트코인 강세장에서 가장 큰 이익을 얻었다. 이 중요성에 대해 인지한다면 해당 사이클이 도래했을 때 크게 벌 수 있다.

❹ 변동성으로 인해 매수와 매도 결정을 하지 않는다

변동성으로 인해 매수와 매도 결정을 하지 않는 것은 이성에 기반해 결정하기 위함이다. 변동성이란 이성을 약화시키는 '가장 경계해야 하는 것'이다. 저자는 이성적인 결정을 내릴 수 있는 상태를 유지하는 것을 매우 중요하게 생각한다. 감정은 언제나 의사결정에 좋은 영향을 주지 못한다.

❺ 중단기 상승 사이클에서 비트코인 숫자를 늘린다

중단기 상승 사이클에서 알트코인을 비트코인으로 교체 매매한다. 그 이유는 상승 사이클이 끝난 후 하락이 올 것이고, 하락을 맞을 때는 비트코인으로 맞는 것이 좋기 때문이다. 알트코인의 하락은 정말 끝이 없다. 지금이 저점이라고 생각하는 시점이 사실 하락의 시점인 경우들이 많았다. 그리고 앞서 말했듯이 많은 알트코인들이 사라질 것이다. 그 알트코인이 살아남는 자산이 된다면 반드시 해당 가격까지 다시 상승할 테지만 아니라면 독자님의 자산과 함께 아예 사라질 수도 있다.

**❻ 중단기 하락 사이클에서 알트코인 숫자를 늘린다**

마찬가지로 중단기 하락 사이클에서 비트코인을 알트코인으로 교체 매매하라. 그 이유는 하락이 있을 때 알트코인들은 큰 폭으로 빠지는데, 많이 빠진 만큼 나중에 크게 오르는 경우가 많기 때문이다. 평소 가격 흐름과 펀더멘탈이 좋은 코인들을 살펴본 후, 하락 사이클이 도래하면 조금씩 비트코인을 팔아 그 알트코인을 매집한다. 알트코인 상승 사이클이 도래했을 때 큰 수익을 안겨줄 것이다.

**❼ 감정을 의사결정에 넣지 않는다**

모든 의사결정에 감정을 넣지 않으려고 노력하라. 이것은 스스로 후회 없는 현명한 투자자가 되기 위해 언제나 노력해야 하는 부분이다. 충동적이게 만드는 모든 요소를 최대한 배제하고 의사결정을 해야 한다. 이는 저자의 투자원칙 중에서 가장 중요하다고 생각하는 부분이다.

# 작은 소음들을 일소시키는
# 거시적 관점

비트코인과 알트코인을 투자하다보면 상상하지 못한 일들이 일어난다. 일례로 리플 코인이 미국 증권거래위원회(SEC)로부터 소송당하는 사건이 일어나기도 했다. 그런가 하면 미국 최대 인터넷 커뮤니티 'reddit'의 하위 게시판인 'WallStreetBets'에서는 개미 투자자들이 모여 급등을 주도하는 사건도 있었다. 이들은 텔레그램 방을 만들어, 정해진 시간에 리플을 급등시키자는 계획을 세웠고 이를 실행했다. 10만 명이 넘는 리플러들이 급등 계획에 참여했고, 약속 시간에 모두가 리플 코인을 매수해 약 3배 오르기도 했다.

마이크로 스트레티지, 스퀘어, 심지어 테슬라까지 비트코인 투자에 동참했다. 이 기세면 영원히 오를 것 같지만 그렇지 않다. 급격한 하락이 오기도 하는 등 Up & Down을 반복할 것이다. 세상 모든 자산이 다 그렇듯이 비트코인도 예외일 수 없다. 하락이 절대 나올 수

리플 4일 만에 300% 상승

[리플 코인 펌핑 이벤트 홍보물]

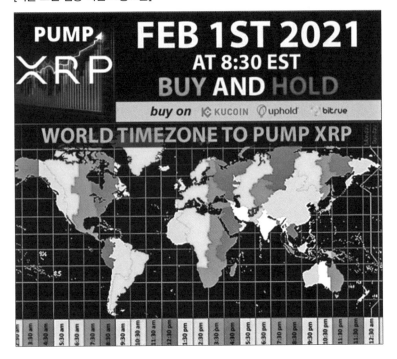

서른살, 비트코인으로 퇴사합니다

없을 것 같은 구간에서 30% 하락이 나오기도 한다. 유망 알트코인이라고 확신했던 코인이 너무 긴 횡보를 보이기도 하며 스캠이라 생각했던 알트코인이 갑자기 거래소 상장 이슈가 떠 급등하기도 한다. 예상하지 못했던 일들이 시장에서는 지속적으로 일어난다. 저자 역시 모든 상황에 대해 이해하고 예상하지 못한다. 그리고 그것이 가능한 사람은 아무도 없다.

팬데믹에서의 급격한 하락은 세상을 모두 당황스럽게 만들었다. 놀랍게도 그때 당시 비트코인 가격은 지금의 가격 10분의 1 정도이다. 과거의 큰 상승과 큰 하락은 지금 시점에서 보았을 때 아주 자잘한 잔파도였을 뿐이다. 거대한 흐름 속에 몸을 맡긴 투자자들은 승리했다.

중요한 것은 암호자산 시장은 우상향이고, 블록체인 혁명은 일어나고 있다는 사실이다. 암호자산에 투자한다면 인류 역사상 한 번 있을, 블록체인이라는 화폐 혁명과 산업혁명에 투자하는 것이다. 지금 이 순간에도 블록체인 기술은 혁신을 반복하고 있다. 이 안에서 일어나는 크고 작은 해프닝들은 큰 역사의 방향성에선 아무 것도 아니다. 사실 알 필요도 들을 필요도 없는 소음들이 많다. 우리가 가장 제대로 이해하고, 잊지 말아야 하는 것은 암호자산 시장의 성장은 시대 방향성이라는 것이다.

비트코인으로 피자를 사먹은 정도로 모두가 환호를 날렸던 시절이 있다. 그 시절 비트코인은 매년 스캠과 사기 소리를 들었다. 화폐인지 자산인지 구별도 안 되던 시절이지만 여태 살아남아 글로벌 기업 페이팔의 결제 지원을 받게 되었다. 앞으로 비트코인이 살아남을지, 살아남는다면 그 가치는 어떻게 될지 생각해보라. 큰 흐름 속에서도 비트코인이 가치가 없고, 사라질 것이라고 생각된다면 이 투자를 당장 그만두고 다른 투자처를 찾아보는 것이 더욱 좋을 수 있다. 하지만 거시적 관점에서 확신을 느꼈다면, 이 투자처는 어떤 투자보다 확실하고 대단한 수익을 가져다줄 것이다.

# [2020년 8월 세력의 투자 일기]

작년부터 암호자산 투자를 시작하고 총자산이 25배 정도 성장하였다. 돌아보면 작년의 비트코인 상승과 하락을 경험한 게 투자자로서 크게 성숙해질 수 있었던 계기였다고 생각한다. 모든 포트폴리오가 암호자산에 들어가 있음에도 마음이 너무 편하다. 장기투자를 지속함에 거리낌이 없다. 하락에 마음이 요동치지 않는다. 거시적 관점에서의 작은 파도들의 연속일 뿐이다.

투자를 시작하고 가장 크게 수익을 낼 수 있었던 구간은 올해 1월의 알트코인 사이클과, 4월 팬데믹 대폭락 이후 대출을 통해 물량을 확보한 시기 그리고 7월에 클레이튼과 오르빗체인으로 큰 수익을 낸 시기이다. 나는 이 시기를 통해 자산을 크게 상승시켰다.

그리고 앞으로 다가올 수익 구간으로는 하반기에 있을 전 고점 돌파를 시도할 비트장이 있다. 그리고 비트장 후 찾아오는 알트 시즌까지 두 번의 좋은 기회가 있을 것이다.

비트코인의 사이클은 4년이고, 주식은 10년, 부동산은 훨씬 더 길다. 비트코인은 더군다나 주식과 다르게 24시간 시장이 진행된다. 그래서 그런지 희로애락을 더욱 빠르게 느끼면서 성장할 수 있다는 생각이 들었다.

작년까지만 해도 평범한 직장인이었던 나는, 꿈꿔왔던 경제적 자유로 한 발자국씩 나아가고 있다. 더욱 신나는 부분은 아직 비트코인의 큰 상승이 시작되지 않았다는 것이다. 여전히 장기 사이클 안에서 상승 시점은 오지 않았고 곧 그 시점이 온다.

장기 사이클의 마지막엔 거대한 버블이 있을 것이다. 아직은 아니지만 그 순간엔 미련 없이 시장을 잠시 떠날 것이다.

제**10**장

경제적
자유를 얻는
비전을
상상하라

# 평범한 직장인의
# 도전

하루 8시간 이상의 근무, 야근을 반복해도 늘어나지 않는 연봉, 때론 주말 출근도 한다. 대부분의 사람들이 살아가는 세태이다. 회사는 급여 이외에도 많은 의미를 지니지만 정말 급여 때문에 회사를 다니고 있는 사람들도 많다. 일을 즐기고 있는 것이 아니라, 정말 돈이 필요해서 일을 하고 있는 사람이라면 이 암호자산 투자는 독자님의 모든 것을 변화시킬 수 있을 만큼의 큰 기회인 것이 분명하다.

평범한 직장인도 한 번의 상승 사이클 안에서 장기투자로 큰 부자가 될 수 있다. 직장을 다니면서 누구나 부자가 되기를 원하지만, 돈을 버는 방법에 대해서는 놓치고 있는 부분들이 있다. 그것은 근로소득, 사업소득, 금융소득 3가지 돈을 버는 방법에 대한 본질이다.

근로소득이란 직장인으로서 근로자가 되어 돈을 버는 것이다. 안정적인 급여라는 장점이 있지만, 09시 출근하여 18시에 일을 마칠 때까지 시간에 묶여버린다. 근로소득의 핵심은 근로자의 시간을 파는 것이다. 고용주는 훨씬 더 저렴한 가격에 근로자들을 고용하고 임금을 지불하려한다. 그렇기 때문에 근로소득으로 부를 쌓는 것은 한계가 있다. 24시간이라는 한정된 시간 안에서 8~12시간 정도를 고용주에게 판매하는 것이기 때문이다. 유명 대기업의 임원이 아니고서야 근로소득만으로 큰 부를 이루기는 힘들다. 시간을 판매하는 대가로 돈을 얻는 '덧셈 소득'에 해당한다.

사업소득이란 시스템을 만들어서 시간을 들이지 않고 돈을 벌 수 있는 소득이다. 사업소득의 본질은 시스템을 만들어서 자동으로 돌아가게 한다는 데 있다. 시간을 쓰지 않아도 되기 때문에, 급여를 늘려나가는 데 한계점이 없다. 하지만 특별한 아이디어를 실현시키거나, 자동화 시스템을 만들어가기까지는 많은 시간이 필요하다. 이 말인 즉 자영업을 시작한 사장님이 스스로 많은 노동을 하고, 반드시 스스로가 일을 해야만 하는 상황이라면 그건 근로자라고 볼 수 있다는 것이다. 어찌됐든 본인이 없어도 자동으로 돌아가는 시스템이 만들어졌다면 그것은 사업소득인 셈인데 그럼에도 이것은 덧셈 소득이라는 한계점을 지닌다. 사업을 통해 돈을 많이 벌 수도 있고, 적게 벌 수도 있지만 본질은 만들어 놓은 시스템만큼만 돈을 벌 수 있다는 것이며 현실적으로 직장인이 이 시스템을 구축하기란 쉽지 않다.

금융소득은 돈이 돈을 벌어오는 시스템이다. 그러나 투자를 하더라도 돈이 돈을 벌어오는 시스템을 만들어야 하는데, 몇몇 사람들은 본인의 시간을 들이면서도 금융소득의 본질을 살리지 못해 금융소득을 근로소득화시켜 버린다. 투자를 하더라도 지속적으로 10%만으로 익절한다면 이건 덧셈 소득이 된다. 돈을 2배로 늘릴 때까지 인내하고 매도를 결심했다면 이것은 곱셈 소득이다. 어떻게 돈을 굴리느냐에 따라 덧셈 소득이냐 곱셈 소득이냐로 나뉜다.

대부분의 사람들은 근로소득, 즉 덧셈 소득에 집중한다. 금융소득 안에서도 곱셈 소득에 집중을 해야만 평범한 사람이 부자가 된다는 꿈을 이룰 수 있다. 사실 저자는 근로소득 외 소득을 늘리려는 시도를 하는 것만으로도 상위 20% 이상이라고 생각한다. 하지만 투자 시간을 더 늘려서 소득을 늘리려는 사람들의 선택은 근로소득(주말 알바, 댓글 알바, 야간 알바 등, 저임금에 본인의 시간을 파는 것은 너무 아깝다. 하지만 한편으로는 이런 일밖에 할 수 없는 환경이라면 그런 분들은 진심으로 존경한다.)에 편중되는 경우가 많다.

스마트스토어, 쇼핑몰 등 기타 사업을 하는 직장인들도 있다. 직장을 다니고 있지 않은 사람도 사업을 시스템화시키기 어려운데, 직장에 다니면서 시스템화를 시키는 사람은 정말 특출난 사람이라고 생각한다. 그러나 이런 사람들은 정말 드물다. 직장을 다니며 사업 시스템을 완성시킬 수 있는 사람은 대단한 성실함을 지니고 있다. 그리고 애석하게도 저자는 이런 성실함을 가지고 있지 않다.

그래서 더더욱 저자는 '평범한 직장인이 집중해야 하는 소득은 금융소득이다'라고 생각하는 것이다. 덧셈이 아닌 곱셈 소득을 늘려나가야 한다. 금융소득을 곱하기로 이끌어내는 것은 본인의 마음가짐이다. 이 마인드컨트롤이 쉬운 것은 아니지만, 스마트스토어로 아이템을 발굴하고 배송하는 것보다 훨씬 쉬운 길이라고 생각한다.

　사업이 본업이라면 시스템을 만드는 것이 가장 빠를 수 있다. 그러나 사업소득 시스템을 만드는 것은 100명 중 몇 명이나 성공할지 의문이 든다. 사업의 시스템을 만들어서 퇴사하시는 분들은 정말 대단하다. 평범한 우리들은 금융소득 외에는 길이 없다. 열심히 일하면 100만 원을 모을 수 있는데, 이 100만 원이 곱셈을 통해서 한계점이 없게 증가할 수 있다. 10배를 늘리면 100만 원에서 1,000만 원이 되는 것이다.

　공부하고, 스스로 확신이 드는 것에 장기투자할 수 있다면 누구나 이 기회를 잡을 수 있다. 공부라는 것은 남들보다 조금 더 아는 정도로만 하면 된다. 보통 사람들은 조금의 공부도 하지 않고 차트만 보고 투자한다. 그리고 단타로 접근하는 사람들이 많다. 10%에 만족하고 매도를 해버린다. 이런 덧셈 소득으로는 절대 부자가 될 수 없다. 곱셈 소득은 추월차선인데, 덧셈 소득은 서행차선이다.

# 큰 수익을 위해 필요한
# 큰 기다림

100만 원을 가지고 10년을 장기투자하면 최악의 상황은 100만 원이 사라지는 것이다. 100만 원이라는 돈이 우리 삶에서 사라지면 아깝다. 하지만 단기적으로는 아까울 수 있지만, 장기적으로 보면 인생을 좌지우지할 정도로 큰돈은 아니다. 만약 100만 원이라는 돈이 100배가 되면 어떨까? 1억 원이라는 돈은 우리 삶에서 어떤 의미인가?

전 세계적으로 비트코인은 정식 자산으로 인정받으며, 양도차익에 대해서는 세금을 걷기로 결정되고 있다. 많은 기관 투자자들이 투자에 참여하고 있다. 하지만 누군가는 이 기회를 알아보고 삶이 바뀌는 경험을 하게 될 것이고, 누군가는 자동차를 바꾸는 정도의 수익을 얻을 것이다. 그리고 누군가는 하루하루의 용돈벌이 수단으로 사용하며, 누군가는 돈을 잃을 것이다. 어떤 사람은 기회라고 생각지도 못하고, 그냥 지쳐버릴 가능성도 매우 높다. 물론 비트코인이란 고위험자산이며 절대 투자를 해서는 안 되는 것이라는 편견에 빠져 있는 이들이 대부분이다.

다만, 암호자산 투자하기로 마음먹은 독자가 있으시다면, 이 기회의 크기에 대해 정확히 인지하셨으면 좋겠다는 생각이 든다. 이 책 초반에서 언급하였듯이 이 기회는 100년에 한 번 올까말까한 기회이다. 살면서 다시 안 올 수도 있는 거대한 기회인 것이다. 이 기회에 눈을 뜬다면 단순히 자동차를 바꾸는 정도의 수익에서 끝나는 것이 아니라, 더 어마어마한 성과를 가져갈 수 있다. 그리고 이 비전은 장기투자를 지속함에 있어서 반짝이는 목표가 되어 스스로를 학습하게 하고, 비이성을 억제하도록 노력할 수 있게 도와준다. 그래서 서두르지 않고 목표한 지점까지 갈 수 있도록 인내하게 한다. 거대한 비전이란 거대한 등대이기 때문이다.

'익절은 항상 옳다'. 저자는 이 말을 싫어한다. 예를 들면 100배를 얻을 수 있는 기회 앞에서 20% 익절을 한다면 그게 과연 옳은 익절일까? 정말 그 익절은 옳았다고 말할 수 있을까? **저자는 이 블록체인 혁명이 한 세기에 한 번 나오는 기회라고 생각하기 때문에 '20% 익절은 나쁜 익절이다. 50% 익절도 역시 나쁜 익절이다. 100% 익절도 나쁜 익절이다'라고 말할 수 있다.**

투자 성향이나 상황에 따라서, 그리고 이 기회를 어느 정도로 실감하는가에 따라서 이 말은 정답일 수도 있고 아닐 수도 있다고 저자는 생각한다. 다만 이 투자 격언은 큰 수익을 얻을 수 있는 투자처의 장기투자를 방해한다. 투자 금액의 10배 이상의 수익을 얻을 수 있는 기회임이 분명하다. 그로 인해 우리 삶에서 전부는 아니지만, 매우 중요한 수단이 되는 '돈'이라는 것에서 자유로워 질 수 있다. 돈 때문에 하기 싫은 일을 하지 않아도 된다.

'내맡김의 힘'이라는 괴테의 시가 있다. 거기엔 "분명히 시작하라. 그때부터는 하늘도 움직인다. 결심하지 않았다면 결코 생기지 않았을 온갖 일들이 일어나 돕는다. 결심으로부터 모든 일들이 터져 나온다. 예측하지 않은 모든 종류의 사건과 만남과 물질적 원조가 유리하게 생겨나며 아무도 꿈꿀 수 없었던 일이 잘 되어가리라"라는 구절이 나온다. 저자의 책을 읽고 투자를 시작하기로 마음먹었다면, 이 블록체인 혁명이라는 기회가 우리 삶에서 일어날 수 있는 엄청난 기적임을 인지하였으면 한다. 그리고 금전적으로 이뤄낼 수 있는 목표를 상상하고 간절히 바라고 공부해 나갔으면 한다. 그렇다면 이 큰 기회 안에서 '부'를 잡을 수 있을 것이다.

2019년 4월 투자를 시작하면서 저자는 주변 지인들에게 2021년이 되면 내 재산이 30배가 불어나 있을 것이라고 말했었다. 당시에는 모든 사람들이 이를 '믿을 수 없는 말', '허무 맹랑한 소리'로 들었다. 하지만 결과적으로 저자는 2021년도 3월 시점에서 250배의 자산 증가를 해냈으며, 저자에게 핀잔을 준 지인들은 대부분 뒤늦게 비트코인 투자를 결정했다.

암호자산 시장에 투자를 시작한다면 어떤 결과를 상상하던 허무맹랑한 소리가 아니게 된다. 하루 만에 몇 배가 상승하기도 하는 이 시장에서, 누군가는 기회를 잡는다. 저자보다 더 짧은 시간에 큰돈을 번 사람들도 세상에는 많다. 저자는 그저 평범한 투자자일 뿐이며, 이 기회에 눈을 떴을 뿐이다.

눈을 떠라. 독자님도 해낼 수 있다. 저자보다 더 좋은 결과를 낼 수 있다.

이서윤 작가는 저서 〈해빙(Having)〉에서 "가지고 있음을 바란다면 소유하게 된다"는 말을 했다. 저자는 이 말을 암호자산 투자에 적용을 해보길 권하고 싶다. 다가오는 큰 파도 앞에 잔파도에 연연해하지 마라. 그리고 1년 후 2년 후에 거머쥘 큰 부를 가지고, 어떻게 세상에 선한 영향력을 전파할지에 대해 상상하라. 그 위대한 생각은 반드시 당신의 부를 크게 늘리는 데 기여할 것이고, 가까운 가족과 주변인들을 더욱 윤택하게 만들 것이다.

# [2021년 2월 세력의 투자 일기]

재작년 4월 투자 시작 이래 총자산이 100배 이상으로 증가하였다. 그 이유는 작년도 하반기부터 비트코인의 상승이 있었고 현재 2021년 1~2월은 2017년 3월과 같은 장이 연출되고 있기 때문이다. 2019년 7월부터 연속되는 투자 성공 경험은 내가 흔들림 없이 투자를 이어가게 만드는 요소이다. 마음 편한 투자가 좋은 결과를 만든다는 믿음 하에, 지속적으로 좋은 결과를 입증하고, 스스로에 대한 믿음을 더해갈 것이다.

2017년 3월 당시를 짚어보면 2달 동안의 미친 불장이 지속되었다. 이번에는 몇 달이나 지속될지 모르겠다. 다만, 지금은 1월에서부터 현재 시점까지 10배 이상 상승한 알트코인들도 많다. 알트코인 강세장인 것은 분명하다. 알트코인이 돌아가면서 급등이 나오고 있고, 꿈쩍도 안하던 리플이 SEC 소송 등의 이슈로 하락과 상승을 반복하고 있다. 그리고 도미넌스 차트는 비트코인 지배력이 올라갔다가 알트코인들의 지배력이 올라갔다가를 반복하고 있다.

최근 테슬라에서 비트코인을 1조 원 넘게 구매했다. 비트코인이 크게 하락할 확률은 지금 상황에서 거의 없는 수준이 아닌가 싶다. 이런 상황에서 알트코인 순환매 장세가 일어나고 있으니, 정말 알트코인 불장을 맞이하기에 최적, 최강, 최고의 상황이 아닌가? 열심히 모아둔 알트코인들이 큰 변동성 속에서 상승하고 있다. 하루하루 상상할 수 없었던 일이 현실이 되어간다. 연봉만큼의 돈이 하루에도 생겨나고 있다.

4년 사이클의 상승 초입부에 해당하는 시점이라고 보고 있다. 그렇다면 앞으로 남은 사이클 안에서 어느 정도의 수익을 더 이뤄낼 수 있을지 기대되는 것이 사실이다. 2019년 처음 투자를 시작하며 경제적 자유를 상상했던 것들이 현실이 되어간다.

2019년 4월 비트코인 개당 400만 원 부근에서 처음 투자를 시작했다. 그 후 4개월 동안 상승하는 종목을 쫓아다니며 수익을 냈고, 초기투자 대비 3배 정도의 수익을 얻을 수 있었다.

하지만 저자는 수익에서 만족하지 못하고 알트코인 불장이 올 것이라는 여러 미디어, 유튜버 등의 의견에 공감해 매도 없이 알트코인들에 재투자를 했다. 그리고 2019년 7월부터 2019년 12월까지 5개월간 하락장을 맞이하며, 수익은 물론이고 원금까지 전부 잃는 경험을 한다.

당시 저자는 모아둔 모든 돈을 반납하며 스스로의 투자 스타일과 방법에 대해 고찰하게 됐다. 투자의 무엇이 잘못되었는지 꼼꼼하게 점검하고 투자 고전들을 읽으며 투자 마인드를 함양했다. 그리고 유튜브 내 모든 투자 방송을 경청했고 실제 투자자들의 투자 관점에 대해 깊이 이해하려 노력했다. 그리고 비트코인과 알트코인의 마켓 사이클에 주목하며 어떤 규칙과 상호 작용들이 있는지 연구했다. 그리고 그 과정에서 큰 수익을 내기 시작했고 스스로 더 연구하고 좋은 의견을 주고받기 위하여 유튜브 세력 채널을 개설하였다. 그리고 구독자들과 상호작용하며, 투자에 대한 생각과 시황에 대한 저자의 생각을 공유하고 있다.

자산14배 늘린 교체매매

9:20

비트코인 투자자의 현명함

5:29

비트코인 이더리움 리플 투자
자산14배늘린 교체매매법

조회수 769회 • 6개월 전

이 시대의 가장 뛰어난 암호자
산 투자자. 비트코인 이더리...

조회수 1.3천회 • 6개월 전

　　6개월 전 비트코인 투자자의 현명함을 주제로 첫 영상을 게시하였
다. 2021년 2월 시점 현재 영상을 올리면 1만 뷰 이상이 나오지만, 이
때는 거의 사람들이 보지 않았다. 위 캡처 화면 오른쪽 영상이었다. 해
당 영상의 내용은 '비트코인 투자자가 이 시대에서 가장 뛰어난 통찰
력을 지닌 투자자이다'라는 것이었다. 사회 통념의 변화는 느려서 모
두가 비트코인을 사기라고 하지만, 그럼에도 현재 비트코인에 투자하
고 있는 사람들은 타인과 달리 기회에 눈을 뜬 사람들이기 때문이다.

　　그리고 왼쪽 영상은 저자의 자산을 14배 늘린 교체 매매 전략을
소개하는 내용이었다. 저자의 당시 트레이딩 법이었는데 이 책에서
소개하고 있는, 중단기 상승 사이클에서는 비트코인을 늘리고 중단기

하락 사이클에서는 알트코인 숫자를 늘린다는 이야기였다. 해당 영상 초반부에서 자산을 14배 늘린 비결은 '운'이라고 소개한다. 실제로 저자의 성공 요소 중 가장 큰 요인은 운이다. 이것은 겸손한 표현보다는 실제로 운이 매우 잘 따라 주었다고 보는 것이 맞다. 그런데 그 후 14배였던 나의 자산은 두 달 후, 25배까지 늘어나게 되고, 7개월이 지난 현 시점에서 250배 이상 늘어난 상황이다. 이 역시도 많은 운이 따라 주었다.

사실 비트코인 및 알트코인 시장이 기회라는 것을 인지한 것만으로도 엄청난 운이 따른 것이다. 그리고 그 행운은 이 책을 읽는 독자들에게도 나타났다. 저자의 모든 노하우를 책으로 공유했으며 유튜브 영상으로 공유하고 있다. 이제 그 운을 어떻게 살릴 것인가는 독자님들의 선택에 달려 있다.

유튜브 채널을 운영하며 구독자 분들께 고맙다는 이야기를 많이 들었다. 하지만 정말 고마운 것은 저자이다. 저자는 유튜브 세력 채널을 운영하며 매일 투자에 대한 고민, 시황에 대한 고민을 했다. 매일 매일의 고민들은 저자의 투자 마인드 정립과 시장에 대한 생각, 더 좋은 투자자가 되기 위한 노력으로 이어질 수 있었다. 즉 세력 채널을 통해 가장 많은 혜택을 얻은 것은 바로 저자이다. 그래서 더욱, 함께 의견을 나눠준 구독자들에게 감사하다.

구독자들이 이 기회를 모두 잡았으면 좋겠다. 그리고 이 책을 읽고 있는 독자 분들 역시 모두 기회를 잡았으면 좋겠다. 이 시장이 기회인 것은 분명하지만 누군가는 이 시장에서 큰돈을 잃을 수도 있다. 이 무한한 기회가 자칫하면 소중한 돈을 잃을 수도 있는 양날의 검이 될 수 있기에 신중한 투자자가 돼야 함을 한 번 더 말하고, 마음 편한 투자로 반드시 성공하기를 바란다.

마지막으로 부족한 세력 채널을 항상 응원하고 즐겨봐 주시는 구독자님들, 올바른 투자에 대해 함께 연구하고 인사이트를 공유하는 Alphacube 한정수와 길시영, 방송을 애청해 주시다가 출판 제안을 해준 국일증권경제연구소 임상국 본부장님, 이 글을 쓰는 데 묵묵히 많은 도움을 준 청년컨설팅협회 YCA 김지영 팀장에게 진심으로 감사의 말을 전한다.

## 서른살, 비트코인으로 퇴사합니다

초판 1쇄 발행·2021년 4월 15일
초판 6쇄 발행·2021년 5월 10일

지은이·강기태(세력)
펴낸이·이종문(李從聞)
펴낸곳·(주)국일증권경제연구소

등록·제406-2005-000029호
주소·경기도 파주시 광인사길 121 파주출판문화정보산업단지(문발동)
영업부·Tel 031)955-6050 | Fax 031)955-6051
편집부·Tel 031)955-6070 | Fax 031)955-6071

평생전화번호·0502-237-9101~3

홈페이지·www.ekugil.com
블 로 그·blog.naver.com/kugilmedia
페이스북·www.facebook.com/kugilmedia
E-mail·kugil@ekugil.com

· 값은 표지 뒷면에 표기되어 있습니다.
· 잘못된 책은 구입하신 서점에서 바꿔드립니다.

ISBN 978-89-5782-136-7(03320)